Bucătăria Chineză
Secrete Culinare de la Shanghai la Sichuan

Li Wei

Rezumat

THE
- introducere ... 10
  - pui prajit simplu ... 12
  - Pui in sos de rosii ... 14
  - Pui cu roșii ... 15
  - Pui în aluat cu roșii ... 16
  - Pui și roșii cu sos de fasole neagră ... 17
  - Pui fiert cu legume ... 18
  - Pui cu nuci ... 19
  - Pui cu nuci ... 20
  - Pui cu castane de apa ... 21
  - Pui savuros cu castane de apa ... 22
  - Chiftele de pui ... 24
  - aripioare de pui crocante ... 25
  - Cinci aripioare de pui condimentate ... 26
  - aripioare de pui marinate ... 27
  - aripioare de pui adevărate ... 29
  - aripioare de pui condimentate ... 31
  - Pulpe de pui la gratar ... 32
  - pulpe de pui hoisin ... 33
  - Pui la gratar ... 34
  - pui prajit crocant ... 35
  - pui prajit intreg ... 37
  - Pui cu cinci condimente ... 38
  - Pui cu ghimbir si arpagic ... 40
  - pui poșat ... 41
  - Pui gătit în roșu ... 42
  - Pui roșu gătit picant ... 43
  - Pui Prăjit Cu Susan ... 44
  - pui în sos de soia ... 45
  - pui la aburi ... 47

Pui la abur cu anason	48
pui cu gust ciudat	49
Nuggete de pui crocante	50
Pui cu fasole verde	51
Pui la cuptor cu ananas	52
Pui cu ardei si rosii	53
pui cu susan	54
pisoi prajiti	55
Turcia cu Taccone	56
Turcia cu piper	58
curcan chinezesc prăjit	60
Curcan cu nuci si ciuperci	61
Rață cu muguri de bambus	63
Rață cu muguri de fasole	64
friptură de rață	65
Rață la abur cu țelină	66
rață cu ghimbir	67
rață cu fasole verde	69
rață prăjită la abur	71
Rață cu fructe exotice	72
Rață prăjită cu frunze chinezești	74
rață beată	76
Rață cu cinci condimente	77
Rață prăjită cu ghimbir	78
Rață cu șuncă și praz	79
Rață friptă cu miere	80
Rață friptă înăbușită	81
Rață sotă cu ciuperci	82
Rață cu două ciuperci	84
Rață înăbușită cu ceapă	85
Rață cu sos de portocale	87
Friptură de rață cu portocale	88
Rață cu Pere și Castane	89
Rață la Peking	90
Rață înăbușită cu ananas	93
Rață sotă cu ananas	94

Rață cu ghimbir și ananas 96
Rață cu ananas și litchi 97
Rață cu porc și castane 99
rață cu cartofi 100
rață roșie fiartă 102
Friptură de rață în vin de orez 103
Rață la abur cu vin de orez 104
rață gătită lent 105
rață prăjită 107
rață cu cartofi dulci 109
rață dulce-acrișoară 111
rață mandarină 113
rață cu legume 114
Ouă la abur cu pește 116
Ouă la abur cu șuncă și pește 117
Ouă la abur cu carne de porc 118
Ouă de porc prăjite 119
Oua prajite cu sos de soia 120
ouă de jumătate de lună 121
oua prajite cu legume 122
omletă chinezească 123
Omletă chinezească cu muguri de fasole 124
Omletă de conopidă 125
Omletă de crab cu sos brun 126
Omletă cu șuncă și castane de apă 127
omletă de homar 128
omletă cu stridii 129
Omletă cu creveți 130
omletă cu scoici 131
omletă cu tofu 132
Omletă de porc umplută 133
Omletă umplută cu creveți 134
Rulouri de tortilla la abur cu umplutură de pui 135
clătite cu stridii 136
Friteli de creveți 137
Ouă omlete chinezești 138

Omletă de pește 139
Scramble de ciuperci 140
Ouă omletă cu sos de stridii 141
omletă cu carne de porc 142
Oleită de porc și creveți 143
Ouă Oleite Cu Spanac 144
Ouă omletă cu arpagic 145
Ouă omletă cu roșii 146
omletă cu legume 147
Sufleu de pui 148
sufle de crab 149
Sufleu de crab și ghimbir 150
Sufleu de pește 151
Sufleu de creveți 152
Sufleu de creveți cu muguri de fasole 153
Sufleu de legume 154
ou foo yung 155
Foo Yung ou prăjit 156
Crab Foo Yung cu ciuperci 157
Foo Yung Ham 158
Ouă de porc prăjită Foo Yung 159
Ou de porc și creveți Foo Yung 160
orez alb 161
Orez brun fiert 161
carne si orez 162
Orez din ficat de pui 163
Orez cu pui si ciuperci 164
Orez cu nucă de cocos 165
Orez cu carne de crab 166
Orez Cu Mazare 167
orez cu ardei 168
orez cu ou poșat 169
Orez din Singapore 170
Orez cu barcă lentă 171
orez fiert 172
Orez prăjit 173

Orez Prajit Cu Migdale 174
Orez prajit cu bacon si oua.. 175
Orez prajit cu carne 176
Orez prajit cu carne tocata 177
Orez prajit cu carne si ceapa 178
Orez prajit cu pui 179
orez prajit de rață 180
Orez cu sunca... 181
Supă De Orez Cu șuncă 182
carne de porc cu orez prajit... 183
Orez prajit cu creveti si carne de porc 184
Orez prajit cu creveti 185
Orez prajit si mazare 186
Orez prajit cu somon.. 187
Orez prajit special 188
Zece feluri de mâncare prețioase cu orez 189
orez cu ton prajit.. 190
tagliatelle cu ou fiert 191
Fidea cu ou la abur 192
taitei sotati 193
Taitei prajiti 193
Taitei moi prajiti 194
paste fierte... 195
taitei reci 196
Coșuri de paste 198
clătită cu macaroane 199
tăiței fierți 200
spaghete cu carne de vită... 202
Pui cu tăiței... 203
Tagliatelle cu carne de crab 204
Paste în sos de curry 205
fidea Dan-Dan 206
Tagliatelle cu sos de ouă 207
Tagliatelle cu ghimbir și arpagic.. 208
Taitei picanti si acri 209
Tagliatelle cu ragu.. 210

Paste cu ouă poşate 212
Paste cu carne de porc si legume 213
Taitei transparenti cu carne de porc tocata 214
coji de rulou de ouă 215
Coji de rulada de ou fiert 216
clătite chinezeşti 217
piei wonton 218

introducere

Toți cei care iubesc gătitul adoră să încerce mâncăruri noi și senzații de gust noi. Bucătăria asiatică a devenit extrem de populară în ultimii ani, deoarece oferă o gamă largă de arome de care să te bucuri. Dacă încă nu ești convins că acest stil de gătit este potrivit pentru tine, folosește o tigaie sau o oală bună pentru a experimenta rețete. Când descoperi cât de ușor sunt de preparat și cât de delicioase sunt de mâncat, aproape sigur vei dori să investești într-un wok pentru bucătărie.

pui prajit simplu

pentru 4 persoane

1 piept de pui, taiat felii subtiri
2 felii de rădăcină de ghimbir, tocate
2 ceai (cei), tocate
15 ml / 1 lingură făină de porumb (amidon de porumb)
15 ml/1 lingură vin de orez sau sherry uscat
30 ml/2 linguri de apă
2,5 ml/½ linguriță sare
45 ml/3 linguri ulei de arahide
100 g muguri de bambus, feliați
100 g ciuperci, feliate
100 g de muguri de soia
15 ml/1 lingura sos de soia
5 ml/1 lingurita zahar
120 ml / 4 fl oz / ½ cană bulion de pui

Pune puiul într-un castron. Adăugați ghimbirul, eșalota, amidonul de porumb, vinul sau sherry, apa și sare, adăugați puiul și lăsați să se odihnească 1 oră. Se încălzește jumătate din ulei și se prăjește puiul până se rumenește, apoi se scoate din tigaie. Se încălzește uleiul rămas și se prăjesc lăstarii de bambus, ciupercile și mugurii de fasole timp de 4 minute. Adăugați sosul de soia, zahărul și bulionul, aduceți la fiert, acoperiți și gătiți timp de 5 minute până când legumele sunt fragede. Reveniți puiul în tigaie, amestecați bine și reîncălziți ușor înainte de servire.

Pui in sos de rosii

pentru 4 persoane

30 ml/2 linguri ulei de arahide

5 ml/1 lingurita sare

2 catei de usturoi, macinati

450 g pui tocat

300 ml / ½ pt / 1 ¼ cani supa de pui

120 ml / 4 fl oz / ½ cană sos de roșii (ketchup)

15 ml / 1 lingură făină de porumb (amidon de porumb)

4 ceai (cei), feliați

Încinge uleiul cu sarea și usturoiul până când usturoiul se rumenește ușor. Adăugați puiul și prăjiți până se rumenește ușor. Adăugați cea mai mare parte din bulion, aduceți la fierbere, acoperiți și gătiți aproximativ 15 minute până când puiul este fraged. Combinați bulionul rămas cu ketchup-ul și făina de porumb și amestecați în tigaie. Gatiti, amestecand, pana cand sosul se ingroasa si devine transparent. Daca sosul este prea lichid, lasam sa fiarba pana scade. Adaugati salota si gatiti 2 minute inainte de servire.

Pui cu roșii

pentru 4 persoane

225 g de pui tocat

15 ml / 1 lingură făină de porumb (amidon de porumb)

15 ml/1 lingura sos de soia

15 ml/1 lingură vin de orez sau sherry uscat

45 ml/3 linguri ulei de arahide

1 ceapa tocata

60 ml/4 linguri supă de pui

5 ml/1 lingurita sare

5 ml/1 lingurita zahar

2 rosii decojite si tocate

Amestecați puiul cu amidonul de porumb, sosul de soia și vinul sau sherry și lăsați-l să se odihnească timp de 30 de minute. Încinge uleiul și prăjește puiul până se rumenește ușor. Adăugați ceapa și căleți până se înmoaie. Se adauga bulionul, sarea si zaharul, se aduce la fierbere si se amesteca usor la foc mic pana ce puiul este fiert. Adăugați roșiile și amestecați până sunt bine fierte.

Pui în aluat cu roșii

pentru 4 persoane

4 portii de pui
4 roșii curățate și tăiate în sferturi
15 ml/1 lingură vin de orez sau sherry uscat
15 ml/1 lingură ulei de arahide
sare

Puneti puiul intr-o cratita si acoperiti cu apa rece. Se aduce la fierbere, se acopera si se fierbe 20 de minute. Adăugați roșiile, vinul sau sherry, uleiul și sarea, acoperiți și gătiți încă 10 minute până când puiul este gătit. Așezați puiul pe o farfurie caldă și tăiați-l în bucăți. Se încălzește sosul și se toarnă peste pui pentru a servi.

Pui și roșii cu sos de fasole neagră

pentru 4 persoane

45 ml/3 linguri ulei de arahide

1 cățel de usturoi, zdrobit

45 ml/3 linguri sos de fasole neagra

225 g de pui tocat

15 ml/1 lingură vin de orez sau sherry uscat

5 ml/1 lingurita zahar

15 ml/1 lingura sos de soia

90 ml/6 linguri supă de pui

3 roșii curățate și tăiate în sferturi

10 ml / 2 lingurițe de făină de porumb (amidon de porumb)

45 ml/3 linguri de apă

Încinge uleiul și prăjește usturoiul timp de 30 de secunde. Se adauga sosul de fasole neagra si se caleste 30 de secunde, apoi se adauga puiul si se amesteca pana se imbraca bine in ulei. Adăugați vinul sau sherry, zahărul, sosul de soia și bulionul, aduceți la fiert, acoperiți și gătiți aproximativ 5 minute până când puiul este gătit. Amestecați amidonul de porumb și apa pentru a forma o pastă, adăugați-o în tigaie și gătiți, amestecând, până când sosul devine limpede și se îngroașă.

Pui fiert cu legume

pentru 4 persoane

1 albuș de ou

50 g faina de porumb (amidon de porumb)

225 g piept de pui taiat fasii

75 ml/5 linguri ulei de arahide

200 g muguri de bambus, tăiați în fâșii

50 g de muguri de soia

1 ardei verde, tăiat fâșii

3 ceai (cei), feliați

1 felie radacina de ghimbir, tocata

1 catel de usturoi, tocat

15 ml/1 lingură vin de orez sau sherry uscat

Bateți albușurile și amidonul de porumb și înmuiați fâșiile de pui în amestec. Se încălzește uleiul moderat și se prăjește puiul pentru câteva minute, până când este fiert. Scoateți din tigaie și scurgeți bine. Adăugați lăstarii de bambus, mugurii de fasole, ardeiul, ceapa, ghimbirul și usturoiul în tigaie și căleți timp de 3 minute. Adăugați vinul sau sherry și întoarceți puiul în tigaie. Se amestecă bine și se încălzește înainte de servire.

Pui cu nuci

pentru 4 persoane

45 ml/3 linguri ulei de arahide

2 ceai (cei), tocate

1 felie radacina de ghimbir, tocata

450 g piept de pui, tăiat în felii subțiri

50 g sunca tocata

30 ml/2 linguri sos de soia

30 ml/2 linguri vin de orez sau sherry uscat

5 ml/1 lingurita zahar

5 ml/1 lingurita sare

100 g / 4 oz / 1 cană nuci tocate

Se încălzește uleiul și se prăjește ceapa și ghimbirul timp de 1 minut. Se adauga puiul si sunca si se prajesc 5 minute pana aproape fierte. Adăugați sosul de soia, vinul sau sherry, zahărul și sarea și puneți la sot timp de 3 minute. Adăugați nucile și prăjiți timp de 1 minut până când ingredientele sunt bine combinate.

Pui cu nuci

pentru 4 persoane

100 g / 4 oz / 1 cană nuci decojite, tăiate la jumătate

Prăjiți ulei

45 ml/3 linguri ulei de arahide

2 felii de rădăcină de ghimbir, tocate

225 g de pui tocat

100 g muguri de bambus, feliați

75 ml/5 linguri supa de pui

Pregătiți nucile, încălziți uleiul și prăjiți-le până se rumenesc, apoi scurgeți-le bine. Încinge uleiul de arahide și călește ghimbirul timp de 30 de secunde. Adăugați puiul și prăjiți până se rumenește ușor. Adăugați ingredientele rămase, aduceți la fiert și gătiți, amestecând, până când puiul este fiert.

Pui cu castane de apa

pentru 4 persoane

45 ml/3 linguri ulei de arahide
2 catei de usturoi, macinati
2 ceai (cei), tocate
1 felie radacina de ghimbir, tocata
225 g piept de pui feliat
100 g castane de apă, feliate
45 ml/3 linguri sos de soia
15 ml/1 lingură vin de orez sau sherry uscat
5 ml / 1 lingurita faina de porumb (amidon de porumb)

Se incinge uleiul si se calesc usturoiul, salota si ghimbirul pana se rumenesc usor. Adăugați puiul și prăjiți timp de 5 minute. Adăugați castanele de apă și rumeniți-le timp de 3 minute. Adaugati sosul de soia, vinul sau sherry si amidonul de porumb si caliti aproximativ 5 minute pana cand puiul este fiert.

Pui savuros cu castane de apa

pentru 4 persoane

30 ml/2 linguri ulei de arahide

4 bucati de pui

3 eșalote (opaci), tocate

2 catei de usturoi, macinati

1 felie radacina de ghimbir, tocata

250 ml / 8 fl oz / 1 cană sos de soia

30 ml/2 linguri vin de orez sau sherry uscat

30 ml/2 linguri zahăr brun

5 ml/1 lingurita sare

375 ml / 13 fl oz / 1 ¼ cană apă

225 g castane de apă, feliate

15 ml / 1 lingură făină de porumb (amidon de porumb)

Încinge uleiul și prăjește bucățile de pui până se rumenesc. Adaugati salota, usturoiul si ghimbirul si caliti 2 minute. Adăugați sosul de soia, vinul sau sherry, zahărul și sarea și amestecați bine. Adăugați apă și aduceți la fiert, acoperiți și gătiți timp de 20 de minute. Adăugați castanele de apă, acoperiți și fierbeți încă 20 de minute. Amestecați amidonul de porumb cu puțină apă, adăugați-l în sos și fierbeți, amestecând, până când sosul se deschide și se îngroașă.

Chiftele de pui

pentru 4 persoane

4 ciuperci chinezești uscate
450 g piept de pui tocat
225 g legume amestecate tocate
1 șalotă, tocată
15 ml/1 lingura sos de soia
2,5 ml/½ linguriță sare
40 de piei wonton
1 ou bătut

Înmuiați ciupercile în apă caldă timp de 30 de minute și scurgeți-le. Scoateți tulpinile și tăiați capacele. Se amestecă cu pui, legume, sos de soia și sare.

Pentru a împături wonton-urile, țineți pielea în palma mâinii stângi și puneți puțin umplutură în centru. Udați marginile cu oul și pliați coaja într-un triunghi, sigilând marginile. Umeziți colțurile cu ou și întoarceți-le.

Aduceți o oală cu apă la fiert. Adăugați wonton-urile și gătiți aproximativ 10 minute până când plutesc la suprafață.

aripioare de pui crocante

pentru 4 persoane

900 g/2 lb Aripioare de pui
60 ml / 4 linguri vin de orez sau sherry uscat
60 ml/4 linguri sos de soia
50 g / 2 uncii / ½ cană făină de porumb (amidon de porumb)
ulei de arahide (arahide) pentru prajit

Puneți aripioarele de pui într-un castron. Se amestecă celelalte ingrediente și se toarnă peste aripioarele de pui, amestecând bine, astfel încât să fie acoperite cu sos. Acoperiți și lăsați să se odihnească timp de 30 de minute. Se incinge uleiul si se prajeste puiul putin cate putin pana este bine fiert si auriu. Se scurge bine pe hartie absorbanta si se tine la cald in timp ce prajesti restul de pui.

Cinci aripioare de pui condimentate

pentru 4 persoane

30 ml/2 linguri ulei de arahide

2 catei de usturoi, macinati

450 g aripioare de pui

250 ml / 8 fl oz / 1 cană bulion de pui

30 ml/2 linguri sos de soia

5 ml/1 lingurita zahar

5 ml/1 linguriță pudră cu cinci condimente

Încinge uleiul și usturoiul până când usturoiul se rumenește ușor. Adăugați puiul și prăjiți până se rumenește ușor. Adăugați celelalte ingrediente, amestecați bine și aduceți la fiert. Acoperiți și gătiți aproximativ 15 minute până când puiul este gătit. Scoateți capacul și continuați să gătiți la foc mic, amestecând din când în când, până când aproape tot lichidul s-a evaporat. Serviți cald sau rece.

aripioare de pui marinate

pentru 4 persoane

45 ml/3 linguri sos de soia

45 ml/3 linguri vin de orez sau sherry uscat

30 ml/2 linguri zahăr brun

5 ml/1 linguriță rădăcină de ghimbir rasă

2 catei de usturoi, macinati

6 ceai (cei), feliați

450 g aripioare de pui

30 ml/2 linguri ulei de arahide

225g/8oz muguri de bambus, feliați

20 ml / 4 lingurițe de făină de porumb (amidon de porumb)

175 ml / 6 fl oz / ¾ cană supă de pui

Adăugați sosul de soia, vinul sau sherry, zahărul, ghimbirul, usturoiul și ceașota. Adăugați aripioarele de pui și amestecați pentru a se acoperi complet. Acoperiți și lăsați să se odihnească 1 oră, amestecând din când în când. Se încălzește uleiul și se prăjesc lăstarii de bambus timp de 2 minute. Scoateți-le din tigaie. Scurgeți puiul și ceapa, rezervând marinada. Încinge uleiul și prăjește puiul până se rumenește pe toate părțile. Acoperiți și gătiți încă 20 de minute până când puiul este fraged. Amesteca amidonul de porumb cu bulionul si marinata si punem deoparte. Se toarnă peste pui şi se încălzeşte, amestecând, până se îngroaşă sosul. Adăugaţi lăstarii de bambus şi gătiţi, amestecând, încă 2 minute.

aripioare de pui adevărate

pentru 4 persoane

12 aripioare de pui

250 ml / 8 fl oz / 1 cană ulei de arahide

15 ml / 1 lingură zahăr tos

2 eșalote, tăiate în bucăți

5 felii de rădăcină de ghimbir

5 ml / 1 lingurita sare

45 ml / 3 linguri sos de soia

250 ml / 8 fl oz / 1 cană vin de orez sau sherry uscat

250 ml / 8 fl oz / 1 cană bulion de pui

10 felii de muguri de bambus

15 ml / 1 lingură făină de porumb (amidon de porumb)

15 ml / 1 lingura de apa

2,5 ml / ½ linguriță ulei de susan

Se fierb aripioarele de pui în apă clocotită timp de 5 minute și se scurg bine. Se incinge uleiul, se adauga zaharul si se amesteca pana se topeste si devine auriu. Adăugați puiul, eșalota, ghimbirul, sarea, sosul de soia, vinul și bulionul, aduceți la fiert și gătiți timp de 20 de minute. Adăugați lăstarii de bambus și gătiți timp de 2 minute sau până când lichidul aproape s-a evaporat. Amestecați amidonul de porumb cu apa, adăugați-l în tigaie și amestecați până se îngroașă. Transferați aripioarele de pui pe o farfurie caldă și serviți stropite cu ulei de susan.

aripioare de pui condimentate

pentru 4 persoane

30 ml/2 linguri ulei de arahide

5 ml/1 lingurita sare

2 catei de usturoi, macinati

900 g/2 lb Aripioare de pui

30 ml/2 linguri vin de orez sau sherry uscat

30 ml/2 linguri sos de soia

30 ml / 2 linguri sos de rosii (paste)

15 ml/1 lingură sos Worcestershire

Se incinge uleiul, sarea si usturoiul si se calesc pana usturoiul devine usor auriu. Adăugați aripioarele de pui și prăjiți, amestecând des, timp de aproximativ 10 minute până devin aurii și aproape fierte. Adăugați ingredientele rămase și prăjiți aproximativ 5 minute până când puiul este crocant și gătit.

Pulpe de pui la gratar

pentru 4 persoane

16 pulpe de pui

30 ml/2 linguri vin de orez sau sherry uscat

30 ml/2 linguri otet de vin

30 ml/2 linguri ulei de măsline

sare si piper proaspat macinat

120 ml / 4 fl oz / ½ cană suc de portocale

30 ml/2 linguri sos de soia

30 ml/2 linguri miere

15 ml/1 lingură suc de lămâie

2 felii de rădăcină de ghimbir, tocate

120 ml / 4 fl oz / ½ cană sos iute

Amestecați toate ingredientele, cu excepția sosului chili, acoperiți și marinați la frigider peste noapte. Scoateți puiul din marinată și puneți la grătar sau la grătar timp de aproximativ 25 de minute, întorcându-l și adăugându-l la sosul chili pe măsură ce se gătește.

pulpe de pui hoisin

pentru 4 persoane

8 pulpe de pui
600 ml/1 pct/2½ căni supă de pui
sare si piper proaspat macinat
250 ml / 8 fl oz / 1 cană sos hoisin
30 ml / 2 linguri 00 făină (universal)
2 oua batute
100 g / 4 oz / 1 cană pesmet
Prăjiți ulei

Puneți betisoarele și supa într-o cratiță, aduceți la fierbere, acoperiți și gătiți timp de 20 de minute până când sunt fierte. Scoateți puiul din tigaie și uscați-l pe prosoape de hârtie. Puneti puiul intr-un bol si asezonati cu sare si piper. Se toarnă peste sosul hoisin și se lasă la marinat timp de 1 oră. A se scurge. Înmuiați puiul în făină, apoi înmuiați-l în ouă și pesmet, apoi din nou în ou și pesmet. Se încălzește uleiul și se prăjește puiul aproximativ 5 minute până se rumenește. Scurgeți pe hârtie absorbantă și serviți cald sau rece.

Pui la gratar

Pentru 4-6 persoane

75 ml/5 linguri ulei de arahide

1 pui

3 ceai (cei), feliați

3 felii de rădăcină de ghimbir

120 ml / 4 fl oz / ½ cană sos de soia

30 ml/2 linguri vin de orez sau sherry uscat

5 ml/1 lingurita zahar

Încinge uleiul și prăjește puiul până se rumenește. Adaugati salota, ghimbirul, sosul de soia si vinul sau sherry si aduceti la fiert. Acoperiți și gătiți timp de 30 de minute, amestecând din când în când. Adăugați zahărul, acoperiți și gătiți încă 30 de minute până când puiul este fiert.

pui prajit crocant

pentru 4 persoane

1 pui

sare

30 ml/2 linguri vin de orez sau sherry uscat

3 eșalote (opaci), tocate

1 felie rădăcină de ghimbir

30 ml/2 linguri sos de soia

30 ml / 2 linguri zahăr

5 ml/1 linguriță cuișoare întregi

5 ml/1 lingurita sare

5 ml/1 lingurita piper

150 ml / ¼ pt / ½ cană generoasă de supă de pui

Prăjiți ulei

1 salata verde, tocata

4 roșii, feliate

½ castravete, feliat

Frecați puiul cu sare și lăsați-l să se odihnească timp de 3 ore. Clătiți și puneți într-un recipient. Adăugați vinul sau sherry, ghimbirul, sosul de soia, zahărul, cuișoarele, sare, piper și bulionul și stropiți bine. Pune vasul în cuptorul cu abur, acoperă și fierbi la abur aproximativ 2 ore și un sfert până când puiul este gătit. A se scurge. Se încălzește uleiul până se afumă, apoi se adaugă puiul și se prăjește până se rumenește. Se prăjește încă 5 minute, se scot din ulei și se scurge. Tăiați-le bucăți și aranjați-le pe o farfurie caldă de servire. Se ornează cu salată verde, roșii și castraveți și se servește cu sos de piper și sare.

pui prajit intreg

pentru 5 persoane

1 pui
10 ml / 2 linguriţe sare
15 ml/1 lingură vin de orez sau sherry uscat
2 eşalote (opaci), tăiate la jumătate
3 felii de rădăcină de ghimbir, tăiate fâşii
Prăjiţi ulei

Uscaţi puiul şi frecaţi pielea cu sare şi vin sau sherry. Puneţi eşalota şi ghimbirul în interiorul cavităţii. Agăţaţi puiul să se usuce într-un loc răcoros timp de aproximativ 3 ore. Încinge uleiul şi pune puiul într-un coş de prăjit. Puneţi uşor uleiul şi ungeţi continuu până când puiul este uşor colorat. Scoatem din ulei si lasam sa se raceasca putin in timp ce incalziti uleiul. Se prăjeşte din nou până se rumeneşte. Se scurge bine şi se taie în bucăţi mici.

Pui cu cinci condimente

Pentru 4-6 persoane

1 pui

120 ml / 4 fl oz / ½ cană sos de soia

2,5 cm / 1 bucată rădăcină de ghimbir tocată

1 cățel de usturoi, zdrobit

15 ml/1 lingură pudră cu cinci condimente

30 ml/2 linguri vin de orez sau sherry uscat

30 ml/2 linguri miere

2,5 ml / ½ linguriță ulei de susan

Prăjiți ulei

30 ml / 2 linguri sare

5 ml/1 lingurita piper proaspat macinat

Puneți puiul într-o oală mare și umpleți-l cu apă până la jumătatea coapsei. Rezervați 15 ml/1 lingură de sos de soia și adăugați restul în oala cu ghimbir, usturoi și jumătate din praful de cinci condimente. Se aduce la fierbere, se acopera si se fierbe 5 minute. Opriți focul și lăsați puiul să stea în apă până când apa este călduță. A se scurge.

Tăiați puiul în jumătate pe lungime și puneți-l cu partea tăiată în jos pe o tavă de copt. Amestecați sosul de soia rămas și pudra cu cinci condimente cu vinul sau sherry, mierea și uleiul de susan. Frecați amestecul în pui și lăsați-l să se odihnească timp de 2 ore, ungându-l din când în când. Încinge uleiul și prăjește jumătățile de pui timp de aproximativ 15 minute până când se rumenesc și sunt fierte. Scurgeți-le pe hârtie absorbantă și tăiați-le în bucăți mari.

Între timp, amestecați sare și piper și încălziți într-o tigaie uscată aproximativ 2 minute. Serviți ca o baie cu puiul.

Pui cu ghimbir si arpagic

pentru 4 persoane

1 pui
2 felii de rădăcină de ghimbir, tăiate fâșii
sare si piper proaspat macinat
90 ml/4 linguri ulei de arahide
8 eșalote, tocate mărunt
10 ml/2 lingurițe oțet de vin alb
5 ml/1 lingurita sos de soia

Puneti puiul intr-o oala mare, adaugati jumatate de ghimbir si turnati apa cat sa acopere aproape puiul. Asezonați cu sare și piper. Aduceți la fierbere, acoperiți și gătiți aproximativ 1 oră și jumătate până se înmoaie. Lasam puiul sa se odihneasca in bulion pana s-a racit. Scurgeți puiul și puneți la frigider până se răcește. Tăiați în porții.

Răziți restul de ghimbir și amestecați-l cu uleiul de măsline, arpagicul, oțetul de vin și sosul de soia, sare și piper. Păstrați la frigider timp de 1 oră. Puneți bucățile de pui într-un castron și turnați peste ele sosul de ghimbir. Serviți cu orez aburit.

pui poșat

pentru 4 persoane

1 pui
1,2 L / 2 pt / 5 căni supă de pui sau apă
30 ml/2 linguri vin de orez sau sherry uscat
4 eșalote (opaci), tocate
1 felie rădăcină de ghimbir
5 ml/1 lingurita sare

Pune puiul într-o oală mare cu toate ingredientele rămase. Bulionul sau apa trebuie să ajungă la mijlocul coapsei. Aduceți la fiert, acoperiți și gătiți aproximativ 1 oră până când puiul este complet fiert. Scurgeți-le, păstrând bulionul pentru supe.

Pui gătit în roșu

pentru 4 persoane

1 pui

250 ml / 8 fl oz / 1 cană sos de soia

Puneti puiul intr-o tigaie, turnati peste el sosul de soia si umpleti cu apa aproape ca sa acopere puiul. Se aduce la fierbere, se acoperă și se fierbe timp de aproximativ 1 oră până când puiul este gătit, amestecând din când în când.

Pui roșu gătit picant

pentru 4 persoane

2 felii de rădăcină de ghimbir

2 arpagic (cepa)

1 pui

3 cuișoare de anason stelat

½ baton de scortisoara

15 ml / 1 lingură piper Sichuan

75 ml/5 linguri sos de soia

75 ml/5 linguri vin de orez sau sherry uscat

75 ml / 5 linguri ulei de susan

15 ml/1 lingura zahar

Puneți ghimbirul și ceaiul verde în interiorul cavității de pui și puneți puiul într-o tigaie. Leagă anasonul stelat, scorțișoară și ardei într-o bucată de muselină și se adaugă în tigaie. Turnați peste sos de soia, vin sau sherry și ulei de susan. Aduceți la fierbere, acoperiți și gătiți aproximativ 45 de minute. Adăugați zahărul, acoperiți și gătiți încă 10 minute până când puiul este fiert.

Pui Prăjit Cu Susan

pentru 4 persoane

50 g de seminte de susan

1 ceapa, tocata marunt

2 catei de usturoi, tocati

10 ml / 2 linguriţe sare

1 ardei iute roșu uscat, tocat

un praf de cuisoare macinate

2,5 ml / ½ linguriță cardamom măcinat

2,5 ml/½ linguriță de ghimbir măcinat

75 ml/5 linguri ulei de arahide

1 pui

Amestecă toate condimentele şi uleiul şi periază puiul. Se aseaza pe o tava de copt si se adauga 30 ml/2 linguri de apa in tava. Coaceţi într-un cuptor preîncălzit la 180°C/350°F/gaz 4 timp de aproximativ 2 ore, periând și răsturnând puiul din când în când, până când puiul este maro auriu și gătit. Dacă este necesar, mai adăugaţi puţină apă pentru a preveni arderea.

pui în sos de soia

Pentru 4-6 persoane

300 ml / ½ pt / 1 ¼ cani sos de soia

300 ml / ½ pt / 1 ¼ cană vin de orez sau sherry uscat

1 ceapa tocata

3 felii de rădăcină de ghimbir, tocate

50 g / 2 oz / ¼ cană zahăr

1 pui

15 ml / 1 lingură făină de porumb (amidon de porumb)

60 ml/4 linguri de apă

1 castravete, curatat de coaja si feliat

30 ml/2 linguri patrunjel proaspat tocat

Combinați sosul de soia, vinul sau sherry, ceapa, ghimbirul și zahărul într-o cratiță și aduceți la fiert. Adăugați puiul, aduceți la fierbere, acoperiți și gătiți timp de 1 oră, întorcând puiul din când în când, până când este fiert. Transferați puiul pe o farfurie caldă și feliați. Turnați totul, cu excepția 250 ml / 8 fl oz / 1 cană de lichid de gătit și aduceți înapoi la fierbere. Bateți amidonul de porumb și apa până se formează o pastă, adăugați-o în tigaie și gătiți, amestecând, până când sosul devine limpede și se îngroașă. Ungeti putin sos peste pui si ornati puiul cu castraveti si patrunjel. Serveşte sosul rămas separat.

pui la aburi

pentru 4 persoane

1 pui

45 ml/3 linguri vin de orez sau sherry uscat

sare

2 felii de rădăcină de ghimbir

2 arpagic (cepa)

250 ml / 8 fl oz / 1 cană bulion de pui

Așezați puiul într-o tigaie și frecați-l cu vin sau sherry și sare și puneți ghimbirul și eșalota în interiorul cavității. Pune vasul pe un gratar într-un cuptor cu abur, acoperă și fierbe la abur peste apă clocotită timp de aproximativ 1 oră până când este fiert. Serviți cald sau rece.

Pui la abur cu anason

pentru 4 persoane

250 ml / 8 fl oz / 1 cană sos de soia

250 ml / 8 fl oz / 1 cană apă

15 ml/1 lingură zahăr brun

4 cuişoare de anason stelat

1 pui

Amestecați într-o cratiță sosul de soia, apa, zahărul și anasonul și aduceți la fierbere la foc mic. Pune puiul într-un bol și toarnă bine amestecul în interior și în exterior. Reîncălziți amestecul și repetați. Pune puiul într-un bol termorezistent. Pune vasul pe un gratar într-un cuptor cu abur, acoperă și fierbe la abur peste apă clocotită timp de aproximativ 1 oră până când este fiert.

pui cu gust ciudat

pentru 4 persoane

1 pui

5 ml/1 lingurita radacina de ghimbir tocata

5 ml/1 lingurita usturoi tocat

45 ml/3 linguri sos de soia gros

5 ml/1 lingurita zahar

2,5 ml/½ linguriță oțet de vin

10 ml/2 lingurite sos de susan

5 ml/1 lingurita piper proaspat macinat

10 ml/2 lingurițe ulei de ardei iute

½ salata verde tocata

15 ml / 1 lingura coriandru proaspat tocat

Pune puiul într-o cratiță și umple-l cu apă până ajunge la jumătatea pulpelor de pui. Aduceți la fiert, acoperiți și gătiți aproximativ 1 oră până când puiul este fraged. Se scot din tigaie, se scurge bine si se scufunda in apa cu gheata pana cand carnea este complet rece. Le scurgem bine si le taiem bucatele de 5/2 cm, amestecam toate ingredientele ramase si turnam peste pui. Serviți ornat cu salată verde și coriandru.

Nuggete de pui crocante

pentru 4 persoane

100 g făină de grâu moale (pentru toate utilizările)

vârf de cuțit de sare

15 ml/1 lingura de apa

1 ou

350 g pui fiert, taiat cubulete

Prăjiți ulei

Amestecați făina, sarea, apa și oul până obțineți un aluat foarte consistent, adăugând puțină apă dacă este necesar. Înmuiați bucățile de pui în aluat până când sunt bine acoperite. Încinge uleiul până este foarte fierbinte și prăjește puiul câteva minute până devine crocant și auriu.

Pui cu fasole verde

pentru 4 persoane

45 ml/3 linguri ulei de arahide

450 g pui fiert, tăiat în bucăți

5 ml/1 lingurita sare

2,5 ml/½ linguriță piper proaspăt măcinat

225 g de fasole verde tăiată bucăți

1 tulpină de țelină, tăiată în diagonală

225 g ciuperci, feliate

250 ml / 8 fl oz / 1 cană bulion de pui

30 ml / 2 linguri faina de porumb (amidon de porumb)

60 ml/4 linguri de apă

10 ml/2 lingurite sos de soia

Încinge uleiul și prăjește puiul, asezonează cu sare și piper până se rumenește ușor. Adăugați fasolea, țelina și ciupercile și amestecați bine. Adăugați bulionul, aduceți la fiert, acoperiți și gătiți timp de 15 minute. Amestecați amidonul de porumb, apa și sosul de soia pentru a forma o pastă, adăugați în tigaie și gătiți, amestecând, până când sosul devine limpede și se îngroașă.

Pui la cuptor cu ananas

pentru 4 persoane

45 ml/3 linguri ulei de arahide
225 g pui fiert, taiat cubulete
sare si piper proaspat macinat
2 tulpini de telina, taiate in diagonala
3 felii de ananas, tăiate în bucăți
120 ml / 4 fl oz / ½ cană bulion de pui
15 ml/1 lingura sos de soia
10 ml / 2 linguri faina de porumb (amidon de porumb)
30 ml/2 linguri de apă

Încinge uleiul și prăjește puiul până se rumenește ușor. Se condimentează cu sare și piper, se adaugă țelina și se prăjește 2 minute. Adaugam ananasul, bulionul si sosul de soia si amestecam cateva minute pana sunt bine fierte. Amestecați amidonul de porumb și apa pentru a forma o pastă, adăugați-o în tigaie și gătiți, amestecând, până când sosul devine limpede și se îngroașă.

Pui cu ardei si rosii

pentru 4 persoane

45 ml/3 linguri ulei de arahide
450g/1lb pui fiert, feliat
10 ml / 2 lingurițe sare
5 ml/1 lingurita piper proaspat macinat
1 ardei verde, tăiat în bucăți
4 roșii mari, decojite și tăiate felii
250 ml / 8 fl oz / 1 cană bulion de pui
30 ml / 2 linguri faina de porumb (amidon de porumb)
15 ml/1 lingura sos de soia
120 ml / 4 fl oz / ½ cană apă

Încinge uleiul și prăjește puiul, sare și piper până se rumenește. Adăugați ardeii și roșiile. Se toarnă bulionul, se aduce la fierbere, se acoperă și se fierbe timp de 15 minute. Bateți amidonul de porumb, sosul de soia și apa pentru a forma o pastă, adăugați în tigaie și gătiți, amestecând, până când sosul este ușor și gros.

pui cu susan

pentru 4 persoane

450 g pui fiert, tăiat fâșii

2 felii subtiri de ghimbir

1 șalotă, tocată mărunt

sare si piper proaspat macinat

60 ml / 4 linguri vin de orez sau sherry uscat

60 ml / 4 linguri ulei de susan

10 ml / 2 lingurițe de zahăr

5 ml/1 lingurita otet de vin

150 ml/¼ pt/½ cană generoasă de sos de soia

Aranjați puiul pe un platou de servire și stropiți cu ghimbir, arpagic, sare și piper. Se amestecă vinul sau sherry, uleiul de susan, zahărul, oțetul de vin și sosul de soia. Se toarnă peste pui.

pisoi prajiti

pentru 4 persoane

2 cocoși, tăiați la jumătate

45 ml/3 linguri sos de soia

45 ml/3 linguri vin de orez sau sherry uscat

120 ml / 4 fl oz / ½ cană ulei de arahide

1 şalotă, tocată mărunt

30 ml/2 linguri supa de pui

10 ml / 2 lingurițe de zahăr

5 ml/1 lingurita ulei de ardei iute

5 ml/1 lingurita pasta de usturoi

sare si piper

Pune puii într-un castron. Combinați sosul de soia și vinul sau sherry, turnați peste pui, acoperiți și lăsați la marinat timp de 2 ore, înmuiând frecvent. Se încălzește uleiul și se prăjesc puii timp de aproximativ 20 de minute până se fierb. Scoateți-le din tigaie și încălziți uleiul. Puneți-le înapoi în tigaie și prăjiți până se rumenesc. Scurgeți cea mai mare parte a uleiului. Amestecați ingredientele rămase, adăugați-le în tigaie și încălziți rapid. Se toarnă peste pui înainte de servire.

Turcia cu Taccone

pentru 4 persoane

60 ml/4 linguri ulei de arahide

2 ceai (cei), tocate

2 catei de usturoi, macinati

1 felie radacina de ghimbir, tocata

225 g piept de curcan, taiat fasii

225 g de mazăre de zăpadă

100 g muguri de bambus, tăiați în fâșii

50 g castane de apă, tăiate fâșii

45 ml/3 linguri sos de soia

15 ml/1 lingură vin de orez sau sherry uscat

5 ml/1 lingurita zahar

5 ml/1 lingurita sare

15 ml / 1 lingură făină de porumb (amidon de porumb)

Se încălzesc 45 ml/3 linguri de ulei și se călesc șoapele, usturoiul și ghimbirul până se rumenesc ușor. Se adauga curcanul si se rumeneste 5 minute. Scoateți din tavă și lăsați deoparte. Încinge uleiul rămas și călește pietrișul, lăstarii de bambus și castanele de apă timp de 3 minute. Adăugați sosul de soia, vinul sau sherry, zahărul și sarea și întoarceți curcanul în tigaie. Se prăjește timp de 1 minut. Amestecați amidonul de porumb cu puțină apă, adăugați-l în tigaie și fierbeți, amestecând, până când sosul se deschide și se îngroașă.

Turcia cu piper

pentru 4 persoane

4 ciuperci chinezești uscate
30 ml/2 linguri ulei de arahide
1 bok choy, tăiat fâșii
350 g de curcan afumat taiat fasii
1 ceapă, feliată
1 ardei rosu, taiat fasii
1 ardei verde, tăiat fâșii
120 ml / 4 fl oz / ½ cană bulion de pui
30 ml / 2 linguri sos de rosii (paste)
45 ml/3 linguri otet de vin
30 ml/2 linguri sos de soia
15 ml/1 lingură sos hoisin
10 ml / 2 lingurițe de făină de porumb (amidon de porumb)
câteva picături de ulei de ardei iute

Înmuiați ciupercile în apă caldă timp de 30 de minute și scurgeți-le. Scoateți tulpinile și tăiați capacele în fâșii. Se încălzește jumătate din ulei și se prăjește varza pentru aproximativ 5 minute sau până când este gătită. Scoateți din tigaie. Se adauga curcanul si se rumeneste 1 minut. Adăugați legumele și rumeniți-le timp de 3 minute. Se amesteca bulionul cu piureul de rosii, otetul de vin si sosurile si se adauga in oala cu varza. Amestecați amidonul de porumb cu puțină apă, amestecați în tigaie și aduceți la fierbere, amestecând continuu. Se condimentează cu ulei de ardei iute și se fierbe timp de 2 minute, amestecând continuu.

curcan chinezesc prăjit

Pentru 8-10 persoane

1 curcan mic

600 ml/1 pct/2½ căni apă fierbinte

10 ml / 2 lingurițe ienibahar

500 ml / 16 fl oz / 2 căni de sos de soia

5 ml/1 lingurita ulei de susan

10 ml / 2 lingurițe sare

45 ml/3 linguri unt

Asezati curcanul intr-o tigaie si turnati peste el apa fierbinte. Adăugați celelalte ingrediente, cu excepția untului, și lăsați să se odihnească timp de 1 oră, amestecând de mai multe ori. Scoateți curcanul din lichid și ungeți cu unt. Se aseaza pe o tava de copt, se acopera cu folie alimentara si se fierbe in cuptorul preincalzit la 160°C/gaz 3 pentru aproximativ 4 ore, amestecand din cand in cand cu sosul de soia lichid. Scoateți folia și lăsați pielea să se rumenească în ultimele 30 de minute de gătit.

Curcan cu nuci si ciuperci

pentru 4 persoane

450 g file de piept de curcan

sare si piper

suc de 1 portocala

15 ml / 1 lingură făină universală (universal)

12 conserve de nuci negre cu suc

5 ml / 1 lingurita faina de porumb (amidon de porumb)

15 ml/1 lingură ulei de arahide

2 ceai (cei), tocate

225 g de ciuperci

45 ml/3 linguri vin de orez sau sherry uscat

10 ml/2 lingurite sos de soia

50 g / 2 oz / ½ cană unt

25 g de nuci de pin

Tăiați curcanul în felii groase de 1/2 cm. Stropiți cu sare, piper și suc de portocale și pudrați cu făină. Scurgeți și tăiați nucile în jumătate, rezervând lichidul, și amestecați lichidul cu amidonul de porumb. Se încălzește uleiul și se prăjește curcanul până se rumenește. Se adaugă șalota și ciupercile și se călesc timp de 2 minute. Adăugați vinul sau sherry și sosul de soia și gătiți timp de 30 de secunde. Adăugați nucile în amestecul de amidon de porumb, apoi adăugați-le în tigaie și aduceți la fierbere. Adăugați untul în fulgi mici, dar nu lăsați amestecul să fiarbă. Prăjiți nucile de pin într-o tigaie uscată până se rumenesc. Transferați amestecul de curcan pe un platou cald și serviți ornat cu nuci de pin.

Rață cu muguri de bambus

pentru 4 persoane

6 ciuperci chinezești uscate

1 rata

50 g de sunca afumata taiata fasii

100 g muguri de bambus, tăiați în fâșii

2 eșalote, tăiate fâșii

2 felii de rădăcină de ghimbir, tăiate fâșii

5 ml/1 lingurita sare

Înmuiați ciupercile în apă caldă timp de 30 de minute și scurgeți-le. Scoateți tulpinile și tăiați capacele în fâșii. Pune toate ingredientele într-un recipient termorezistent și pune-le într-o tavă plină cu apă până ajung la două treimi din înălțimea recipientului. Se aduce la fierbere, se acoperă și se fierbe aproximativ 2 ore până când rața este complet fiartă, completați cu apă clocotită dacă este necesar.

Rață cu muguri de fasole

pentru 4 persoane

225 g muguri de fasole
45 ml/3 linguri ulei de arahide
450g/1lb carne de rață fiartă
15 ml/1 lingura sos de stridii
15 ml/1 lingură vin de orez sau sherry uscat
30 ml/2 linguri de apă
2,5 ml/½ linguriță sare

Se albesc mugurii de fasole în apă clocotită timp de 2 minute, apoi se scurg. Încinge uleiul, prăjește mugurii de fasole timp de 30 de secunde. Adăugați rața și prăjiți până se încinge. Adăugați ingredientele rămase și prăjiți timp de 2 minute pentru a se amesteca aromele. Serviți imediat.

friptură de rață

pentru 4 persoane

4 eșalote (opaci), tocate
1 felie radacina de ghimbir, tocata
120 ml / 4 fl oz / ½ cană sos de soia
30 ml/2 linguri vin de orez sau sherry uscat
1 rata
120 ml / 4 fl oz / ½ cană ulei de arahide
600 ml / 1 pt / 2 ½ căni de apă
15 ml/1 lingură zahăr brun

Adăugați eșalota, ghimbirul, sosul de soia și vinul sau sherry și frecați rața în interior și în exterior. Încinge uleiul și prăjește rața până se rumenește ușor pe toate părțile. Scurgeți uleiul. Adăugați apa și amestecul de sos de soia rămas, aduceți la fierbere, acoperiți și fierbeți timp de 1 oră. Adăugați zahărul, acoperiți și gătiți încă 40 de minute până când rața este fragedă.

Rață la abur cu țelină

pentru 4 persoane

350 g rață fiartă, feliată

1 cap de telina

250 ml / 8 fl oz / 1 cană bulion de pui

2,5 ml/½ linguriță sare

5 ml/1 lingurita ulei de susan

1 roșie, tăiată felii

Pune rața pe un grătar aburind. Tăiați țelina în lungimi de 7,5 cm și puneți-o într-o oală. Se toarnă bulionul, se condimentează cu sare și se pune cuptorul cu abur în tigaie. Aduceți bulionul la fiert și gătiți aproximativ 15 minute până când țelina este fragedă și rața este încălzită. Aranjați rața și țelina pe o farfurie caldă, stropiți țelina cu ulei de susan și serviți ornate cu felii de roșii.

rață cu ghimbir

pentru 4 persoane

350 g piept de rata, taiat in felii subtiri

1 ou, batut usor

5 ml/1 lingurita sos de soia

5 ml / 1 lingurita faina de porumb (amidon de porumb)

5 ml/1 lingurita ulei de arahide

Prăjiți ulei

50 g/2 oz muguri de bambus

50 g de mazăre de zăpadă

2 felii radacina de ghimbir tocata

15 ml/1 lingura de apa

2,5 ml/½ linguriță zahăr

2,5 ml/½ linguriță vin de orez sau sherry uscat

2,5 ml / ½ linguriță ulei de susan

Se amestecă rața cu oul, sosul de soia, amidonul de porumb și uleiul și se lasă să se odihnească 10 minute. Încinge uleiul și prăjește rața și lăstarii de bambus până sunt fierte și aurii. Scoateți din tigaie și scurgeți bine. Turnați ulei din tigaie, cu excepția 15 ml/1 lingură și prăjiți rața, lăstarii de bambus, turcul, ghimbirul, apă, zahărul și vinul sau sherry timp de 2 minute. Se serveste stropita cu ulei de susan.

rață cu fasole verde

pentru 4 persoane

1 rata

60 ml/4 linguri ulei de arahide

2 catei de usturoi, macinati

2,5 ml/½ linguriță sare

1 ceapa tocata

15 ml/1 lingură rădăcină de ghimbir rasă

45 ml/3 linguri sos de soia

120 ml / 4 fl oz / ½ cană vin de orez sau sherry uscat

60 ml / 4 linguri sos de rosii (ketchup)

45 ml/3 linguri otet de vin

300 ml / ½ pt / 1¼ cani supa de pui

450 g fasole verde, feliată

praf de piper proaspat macinat

5 picături de ulei de chilli

15 ml / 1 lingură făină de porumb (amidon de porumb)

30 ml/2 linguri de apă

Tăiați rața în 8 sau 10 bucăți. Se încălzește uleiul și se prăjește rata până se rumenește. Transferați într-un castron. Adăugați usturoiul, sarea, ceapa, ghimbirul, sosul de soia, vinul sau sherry, ketchup-ul și oțetul de vin. Amestecați, acoperiți și marinați la frigider timp de 3 ore.

Se încălzește uleiul, se adaugă rața, bulionul și marinata, se aduce la fierbere, se acoperă și se fierbe timp de 1 oră. Adăugați fasolea, acoperiți și gătiți timp de 15 minute. Adăugați piper și ulei de chili. Amestecați amidonul de porumb cu apa, adăugați-l în tigaie și fierbeți, amestecând, până când sosul s-a îngroșat.

rață prăjită la abur

pentru 4 persoane

1 rata

sare si piper proaspat macinat

Prăjiți ulei

sos hoisin

Se condimentează rața cu sare și piper și se pune într-un bol termorezistent. Puneți rața într-o tigaie plină cu apă până când crește la două treimi din timp, aduceți la fierbere, acoperiți și gătiți aproximativ 1 oră și jumătate până când rața este fragedă. Se scurge si se lasa la racit.

Încinge uleiul și prăjește rața până devine crocantă și aurie. Scoateți și scurgeți bine. Se taie bucati si se serveste cu sos hoisin.

Rață cu fructe exotice

pentru 4 persoane

4 fileuri de piept de rata taiate fasii

2,5 ml/½ linguriță pudră cu cinci condimente

30 ml/2 linguri sos de soia

15 ml/1 lingura ulei de susan

15 ml/1 lingură ulei de arahide

3 batoane de telina, tocate

2 felii de ananas, taiate cubulete

100 g pepene galben, tăiat cubulețe

100 g litchi, tăiat în jumătate

130 ml / 4 fl oz / ½ cană bulion de pui

30 ml / 2 linguri sos de rosii (paste)

30 ml/2 linguri sos hoisin

10 ml/2 lingurițe oțet de vin

un praf de zahar brun

Pune rața într-un castron. Se amestecă pudra cu cinci condimente, sosul de soia și uleiul de susan, se toarnă peste rața și se lasă la marinat 2 ore, amestecând din când în când. Încinge uleiul și prăjește rața timp de 8 minute. Scoateți din tigaie. Adăugați țelina și fructele de pădure și căleți timp de 5 minute. Rața se pune înapoi în tigaie cu ingredientele rămase, se aduce la fierbere și se fierbe, amestecând, timp de 2 minute înainte de servire.

Rață prăjită cu frunze chinezești

pentru 4 persoane

1 rata

30 ml/2 linguri vin de orez sau sherry uscat

30 ml/2 linguri sos hoisin

15 ml / 1 lingură făină de porumb (amidon de porumb)

5 ml/1 lingurita sare

5 ml/1 lingurita zahar

60 ml/4 linguri ulei de arahide

4 eșalote (opaci), tocate

2 catei de usturoi, macinati

1 felie radacina de ghimbir, tocata

75 ml/5 linguri sos de soia

600 ml / 1 pt / 2 ½ căni de apă

225 g frunze chinezești tocate

Tăiați rața în aproximativ 6 bucăți. Amestecați vinul sau sherry, sosul hoisin, mălaiul, sarea și zahărul și frecați rața. Se lasa sa se odihneasca 1 ora. Se incinge uleiul și se rumenesc pentru cateva secunde arpagicul, usturoiul si ghimbirul. Se adaugă rața și se prăjește până se rumenește ușor pe toate părțile. Scurgeți excesul de grăsime. Se toarnă sosul de soia și apa, se aduce la fierbere, se acoperă și se fierbe timp de aproximativ 30 de minute. Adăugați frunzele chinezești, acoperiți din nou și gătiți încă 30 de minute până când rața este fragedă.

rață beată

pentru 4 persoane

2 ceai (cei), tocate

2 catei de usturoi, tocati

1,5 l / 2½ pt / 6 căni de apă

1 rata

450 ml / ¾ pt / 2 cesti sherry uscat sau vin de orez

Puneti salota, usturoiul si apa intr-o oala mare si aduceti la fiert. Adăugați rața, aduceți la fierbere, acoperiți și gătiți timp de 45 de minute. Scurgeți bine, rezervând lichidul pentru bulion. Lăsați rața să se răcească și puneți-o la frigider peste noapte. Tăiați rața în bucăți și puneți-o într-un borcan mare cu capac cu filet. Se toarnă vin sau sherry peste și se lasă la răcit aproximativ 1 săptămână înainte de a se scurge și a se servi rece.

Rață cu cinci condimente

pentru 4 persoane

150 ml / ¼ pt / ½ cană vin de orez sau sherry uscat
150 ml/¼ pt/½ cană generoasă de sos de soia
1 rata
10 ml/2 lingurițe pudră cu cinci condimente

Aduceți la fiert vinul sau sherry și sosul de soia. Adăugați rața și gătiți, amestecând, timp de aproximativ 5 minute. Scoateți rata din tigaie și frecați pulberea cu cinci condimente în piele. Întoarceți pasărea în tigaie și adăugați suficientă apă pentru a acoperi jumătate de rață. Aduceți la fierbere, acoperiți și gătiți timp de aproximativ 1½ oră până când rața este fragedă, întorcându-se și ungând frecvent. Tăiați rața în bucăți de 5/2 cm și serviți caldă sau rece.

Rață prăjită cu ghimbir

pentru 4 persoane

1 rata

2 felii de rădăcină de ghimbir, tocate

2 ceai (cei), tocate

15 ml / 1 lingură făină de porumb (amidon de porumb)

30 ml/2 linguri sos de soia

30 ml/2 linguri vin de orez sau sherry uscat

2,5 ml/½ linguriță sare

45 ml/3 linguri ulei de arahide

Scoateți carnea de pe oase și tăiați-o în bucăți. Amestecați carnea cu toate celelalte ingrediente, cu excepția uleiului. Se lasa sa se odihneasca 1 ora. Încinge uleiul și prăjește rața în marinată timp de aproximativ 15 minute până când rața este fragedă.

Rață cu șuncă și praz

pentru 4 persoane

1 rata

450 g/1 lb șuncă afumată

2 praz

2 felii de rădăcină de ghimbir, tocate

45 ml/3 linguri vin de orez sau sherry uscat

45 ml/3 linguri sos de soia

2,5 ml/½ linguriță sare

Pune rața într-o cratiță și acoperă-o cu apă rece. Se aduce la fierbere, se acopera si se fierbe aproximativ 20 de minute. Scurgeți și puneți deoparte 450 ml / ¾ puncte / 2 căni de bulion. Se lasă rața să se răcească puțin, se scoate carnea de pe oase și se taie în pătrate de 5/2 cm. Tăiați șunca în bucăți similare. Tăiați bucăți lungi de praz și înfășurați o felie de rață și șuncă în folia de aluminiu și legați cu sfoară. Puneți într-un recipient rezistent la căldură. Adăugați ghimbirul, vinul sau sherry, sosul de soia și sarea în bulionul rezervat și turnați peste rulourile de rață. Așezați recipientul într-o oală plină cu apă, astfel încât să ajungă la două treimi din pereții recipientului. Se aduce la fierbere, se acoperă și se fierbe aproximativ 1 oră până când

Rață friptă cu miere

pentru 4 persoane

1 rata

sare

3 catei de usturoi, macinati

3 eșalote (opaci), tocate

45 ml/3 linguri sos de soia

45 ml/3 linguri vin de orez sau sherry uscat

45 ml/3 linguri miere

200 ml / 7 fl oz / puțină 1 cană apă clocotită

Uscați rata și frecați-o cu sare în interior și în exterior. Combinați usturoiul, eșalota, sosul de soia și vinul sau sherry și împărțiți amestecul în jumătate. Se amestecă mierea în jumătate și se freacă pe rață, apoi se lasă să se usuce. Adăugați apă la amestecul de miere rămas. Turnați amestecul de sos de soia în cavitatea rației și puneți-l pe un grătar într-o tigaie cu puțină apă în fund. Se prăjește într-un cuptor preîncălzit la 180 ° C / 350 ° F / marca de gaz 4 timp de aproximativ 2 ore până când rața este fragedă, ungând-o bine cu amestecul de miere rămas.

Rață friptă înăbușită

pentru 4 persoane

6 eșalote (opaci), tocate
2 felii de rădăcină de ghimbir, tocate
1 rata
2,5 ml / ½ linguriță de anason măcinat
15 ml/1 lingura zahar
45 ml/3 linguri vin de orez sau sherry uscat
60 ml/4 linguri sos de soia
250 ml / 8 fl oz / 1 cană apă

Pune jumătate de eșalotă și ghimbir într-o oală mare și grea. Puneți restul în cavitatea rațej și adăugați-l în tigaie. Adăugați toate celelalte ingrediente, cu excepția sosului hoisin, aduceți la fierbere, acoperiți și gătiți aproximativ 1 1/2 oră, amestecând din când în când. Scoateți rata din tigaie și lăsați-o să se usuce aproximativ 4 ore.

Pune rața pe un grătar într-o tigaie umplută cu puțină apă rece. Coaceți într-un cuptor preîncălzit la 230 ° C / 450 ° F / marca de gaz 8 timp de 15 minute, apoi întoarceți și coaceți încă 10 minute până devine crocant. Între timp, încălziți lichidul rezervat și turnați-l peste rață pentru a servi.

Rață sotă cu ciuperci

pentru 4 persoane

1 rata

75 ml/5 linguri ulei de arahide

45 ml/3 linguri vin de orez sau sherry uscat

15 ml/1 lingura sos de soia

15 ml/1 lingura zahar

5 ml/1 lingurita sare

praf de piper

2 catei de usturoi, macinati

225 g de ciuperci tăiate în jumătate

600 ml/1 pct/2½ căni supă de pui

15 ml / 1 lingură făină de porumb (amidon de porumb)

30 ml/2 linguri de apă

5 ml/1 lingurita ulei de susan

Tăiați rața în bucăți de 5/2 cm. Încinge 45 ml/3 linguri ulei și prăjește rața până se rumenește ușor pe toate părțile. Adăugați vinul sau sherry, sosul de soia, zahărul, sare și piper și căliți timp de 4 minute. Scoateți din tigaie. Încinge uleiul rămas și căliți usturoiul până se rumenește ușor. Adăugați ciupercile și amestecați până când sunt acoperite cu ulei, apoi puneți amestecul de rață înapoi în tigaie și adăugați bulionul. Aduceți la fierbere, acoperiți și gătiți aproximativ 1 oră până când rața este fragedă. Amestecați amidonul de porumb și apa până se formează o pastă, apoi adăugați-l la amestec și gătiți, amestecând, până când sosul s-a îngroșat.

Rață cu două ciuperci

pentru 4 persoane

6 ciuperci chinezești uscate

1 rata

750 ml / 1 ¼ punct / 3 căni supă de pui

45 ml/3 linguri vin de orez sau sherry uscat

5 ml/1 lingurita sare

100 g muguri de bambus, tăiați în fâșii

100 g de ciuperci champignon

Înmuiați ciupercile în apă caldă timp de 30 de minute și scurgeți-le. Scoateți tulpinile și tăiați capacele în jumătate. Puneți rata într-un castron mare termorezistent cu bulionul, vinul sau sherry și sare și puneți-o într-o tigaie umplută cu apă, astfel încât să ajungă la două treimi în sus pe marginile vasului. Aduceți la fiert, acoperiți și gătiți aproximativ 2 ore până când rața este fragedă. Scoateți din tigaie și tăiați carnea de pe os. Transferați lichidul de gătit într-o tigaie separată. Aranjați lăstarii de bambus și cele două tipuri de ciuperci pe fundul tigaii, înlocuiți carnea de rață, acoperiți și fierbeți la abur încă 30 de minute. Aduceți lichidul de gătit la fiert și turnați peste rață și serviți.

Rață înăbușită cu ceapă

pentru 4 persoane
4 ciuperci chinezești uscate
1 rata
90 ml/6 linguri sos de soia
60 ml/4 linguri ulei de arahide
1 șalotă, tocată
1 felie radacina de ghimbir, tocata
45 ml/3 linguri vin de orez sau sherry uscat
450 g ceapă tăiată rondele
100 g muguri de bambus, feliați
15 ml/1 lingură zahăr brun
15 ml / 1 lingură făină de porumb (amidon de porumb)
45 ml/3 linguri de apă

Înmuiați ciupercile în apă caldă timp de 30 de minute și scurgeți-le. Scoateți tulpinile și tăiați capacele. Frecați 15 ml/1 lingură sos de soia peste rață. Rezervați 15 ml/1 lingură ulei, încălziți uleiul rămas și căliți eșalota și ghimbirul până se rumenesc ușor. Se adaugă rața și se prăjește până se rumenește ușor pe toate părțile. Elimina excesul de grasime. Adauga vinul sau sherry, sosul de soia ramas in tigaie si apa cat sa acopere aproape rata. Aduceți la fiert, acoperiți și gătiți timp de 1 oră, amestecând din când în când.

Se încălzește uleiul conservat și se prăjește ceapa până se înmoaie. Luați de pe foc și adăugați lăstarii de bambus și ciupercile, apoi adăugați-le în rață, acoperiți și gătiți încă 30 de minute până când rața este fragedă. Scoateți rata din tigaie, tăiați-o bucăți și puneți-o pe o farfurie caldă. Aduceți lichidele din tigaie la foc, adăugați zahărul și amidonul de porumb și gătiți, amestecând, până când amestecul fierbe și se îngroașă. Se toarnă peste rață pentru a servi.

Rață cu sos de portocale

pentru 4 persoane

1 rata
3 eșalote, tăiate în bucăți
2 felii de rădăcină de ghimbir, tăiate fâșii
1 felie de coajă de portocală
sare si piper proaspat macinat

Puneți rata într-o oală mare, acoperiți cu apă și aduceți la fiert. Adăugați eșalota, ghimbirul și coaja de portocală, acoperiți și gătiți timp de aproximativ 1 oră și jumătate până când rața este fragedă. Se condimenteaza cu sare si piper, se scurge si se serveste.

Friptură de rață cu portocale

pentru 4 persoane

1 rata

2 catei de usturoi, taiati in jumatate

45 ml/3 linguri ulei de arahide

1 ceapă

1 portocală

120 ml / 4 fl oz / ½ cană vin de orez sau sherry uscat

2 felii de rădăcină de ghimbir, tocate

5 ml/1 lingurita sare

Frecați usturoiul peste rață în interior și în exterior, apoi ungeți cu ulei de măsline. Ceapa decojită se înțeapă cu o furculiță, se adaugă la portocala nedecojită din interiorul cavității rații și se închide cu o scobitoare. Așezați rața pe un grătar peste o cratiță umplută cu puțină apă fierbinte și prăjiți-l într-un cuptor preîncălzit la 160°C / 325°F / marca de gaz 3 timp de aproximativ 2 ore. Se toarnă lichidele și se întoarce rața în tigaie. Se toarnă vin sau sherry peste și se stropește cu ghimbir și sare. Se da din nou la cuptor pentru încă 30 de minute. Scoateți ceapa și portocala și tăiați rața în bucăți pentru a servi. Se toarnă sucul din tigaie peste rață pentru a servi.

Rață cu Pere și Castane

pentru 4 persoane

225 g de castane decojite

1 rata

45 ml/3 linguri ulei de arahide

250 ml / 8 fl oz / 1 cană bulion de pui

45 ml/3 linguri sos de soia

15 ml/1 lingură vin de orez sau sherry uscat

5 ml/1 lingurita sare

1 felie radacina de ghimbir, tocata

1 para mare, curatata de coaja si taiata in felii groase

15 ml/1 lingura zahar

Fierbeți castanele timp de 15 minute și scurgeți-le. Tăiați rața în bucăți de 5/2 cm. Încinge uleiul și prăjește rața până se rumenește ușor pe toate părțile. Scurgeți excesul de ulei, apoi adăugați bulion, sos de soia, vin sau sherry, sare și ghimbir. Aduceți la fierbere, acoperiți și gătiți timp de 25 de minute, amestecând din când în când. Adăugați castanele, acoperiți și fierbeți încă 15 minute. Stropiți para cu zahăr, adăugați-o în tigaie și gătiți aproximativ 5 minute până se rumenesc.

Rață la Peking

Pentru 6 persoane

1 rata

250 ml / 8 fl oz / 1 cană apă

120 ml / 4 fl oz / ½ cană miere

120 ml / 4 fl oz / ½ cană ulei de susan

Pentru clătite:

250 ml / 8 fl oz / 1 cană apă

225 g / 8 oz / 2 căni de făină universală (universal)

ulei de arahide (arahide) pentru prajit

Pentru scufundări:

120 ml / 4 fl oz / ½ cană sos hoisin

30 ml/2 linguri zahăr brun

30 ml/2 linguri sos de soia

5 ml/1 lingurita ulei de susan

6 ceai (cei), feliați pe lungime

1 castravete, tăiat fâșii

Rața trebuie să fie întreagă, cu pielea intactă. Legați bine gâtul cu sfoară și coaseți sau călcați deschiderea de jos. Faceți o tăietură mică pe partea laterală a gâtului, introduceți un pai și suflați aer sub piele până se umflă. Suspendați rata într-un bol și lăsați-o să se odihnească timp de 1 oră.

Se pune o cratita cu apa la fiert, se adauga rata si se fierbe 1 minut, apoi se scurge si se usuca bine. Fierbe apa si amesteca cu mierea. Frecați amestecul în pielea de rață până se saturează. Atârnă rața într-un castron într-un loc răcoros și aerisit timp de aproximativ 8 ore până când pielea devine tare.

Suspendați rața sau așezați-o pe un grătar într-o tigaie și prăjiți-l într-un cuptor preîncălzit la 180°C / 350°F / marca de gaz 4 pentru aproximativ 1 1/2 oră, ungeți regulat cu ulei de susan.

Pentru a pregăti clătitele, fierbeți apa și apoi adăugați treptat făina. Frământați ușor până obțineți un aluat neted, acoperiți-l cu o cârpă umedă și lăsați-l să se odihnească 15 minute. Întindeți-o pe o placă de patiserie cu făină și modelați-o într-un cilindru lung. Tăiați în felii de 2,5 cm/1 cm, apoi aplatizați până la aproximativ 5 mm/¼ mm grosime și ungeți mugurii cu ulei. Stivuiți în perechi, atingând suprafețele unse cu ulei și înfăinați ușor exteriorul. Întindeți perechile la aproximativ 4 inci în diametru și gătiți în perechi timp de aproximativ 1 minut pe fiecare parte până se rumenesc ușor. Sortați și stivuiți până când sunt gata de servire.

Pregătiți sosurile amestecând jumătate din sosul hoisin cu zahărul și amestecând restul sosului hoisin cu sosul de soia și uleiul de susan.

Scoatem rata de la cuptor, scoatem pielea si o taiem patrate si taiem carnea cubulete. Aranjați pe farfurii separate și serviți cu clătite, sosuri și garnituri.

Rață înăbușită cu ananas

pentru 4 persoane

1 rata

400 g conserva de ananas în sirop

45 ml/3 linguri sos de soia

5 ml/1 lingurita sare

praf de piper proaspat macinat

Puneți rata într-o cratiță cu fundul greu, acoperiți cu apă, aduceți la fierbere, acoperiți și gătiți timp de 1 oră. Scurgeți siropul de ananas în tigaia cu sosul de soia, sare și piper, acoperiți și gătiți încă 30 de minute. Adăugați bucățile de ananas și gătiți încă 15 minute pană când rața este fragedă.

Rață sotă cu ananas

pentru 4 persoane

1 rata

45 ml / 3 linguri faina de porumb (amidon de porumb)

45 ml/3 linguri sos de soia

225 g de ananas în sirop

45 ml/3 linguri ulei de arahide

2 felii de rădăcină de ghimbir, tăiate fâșii

15 ml/1 lingură vin de orez sau sherry uscat

5 ml/1 lingurita sare

Scoateți carnea de pe os și tăiați-o în bucăți. Se amestecă sosul de soia cu 30 ml/2 linguri de făină de porumb și se amestecă rața până se îmbracă bine. Se lasa sa se odihneasca 1 ora, amestecand din cand in cand. Se zdrobește ananasul și siropul și se încălzește ușor într-o tigaie. Amestecați amidonul de porumb rămas cu puțină apă, adăugați-l în tigaie și fierbeți, amestecând, până când sosul s-a îngroșat. Stați cald. Se încălzește uleiul și se prăjește ghimbirul până devine ușor auriu, apoi se aruncă. Se adaugă rața și se prăjește până se rumenește ușor pe toate părțile. Adăugați vinul sau sherry și sare și prăjiți câteva minute până când rața este fiartă.

organizează

Rață cu ghimbir și ananas

pentru 4 persoane

1 rata

100 g ghimbir conservat in sirop

200 g conserva de ananas tăiat bucăți și în sirop

5 ml/1 lingurita sare

15 ml / 1 lingură făină de porumb (amidon de porumb)

30 ml/2 linguri de apă

Puneți rata într-un vas termorezistent și puneți-o într-o oală cu apă, astfel încât să urce la două treimi din marginile vasului. Aduceți la fiert, acoperiți și gătiți aproximativ 2 ore până când rața este fragedă. Scoateți rata și lăsați-o să se răcească puțin. Scoateți pielea și oasele și tăiați rața în bucăți mici. Aranjați-le pe un platou de servire și păstrați-le calde.

Scurgeți ananasul și siropul de ghimbir într-o cratiță, adăugați sarea, amidonul de porumb și apa. Se aduce la fierbere, amestecând, și se fierbe câteva minute, amestecând, până când sosul s-a deschis și s-a îngroșat. Adăugați ghimbirul și ananasul, amestecați și turnați peste rață pentru a servi.

Rață cu ananas și litchi

pentru 4 persoane

4 piept de rata

15 ml/1 lingura sos de soia

1 cățel de anason stelat

1 felie rădăcină de ghimbir

ulei de arahide (arahide) pentru prajit

90 ml/6 linguri de otet de vin

100 g / 4 oz / ½ cană zahăr brun

250 ml / 8 fl oz / ½ cană bulion de pui

15 ml / 1 lingura ketchup (sos de rosii)

200 g conserva de ananas tăiat bucăți și în sirop

15 ml / 1 lingură făină de porumb (amidon de porumb)

6 conserve de litchi

6 cirese maraschino

Intr-o cratita se pun ratele, sosul de soia, anasonul si ghimbirul si se acopera cu apa rece. Aduceți la fierbere, îndepărtați grăsimea, acoperiți și gătiți aproximativ 45 de minute până când rața este fiartă. Scurgeți și uscați. Se prăjește în ulei încins până devine crocant.

Între timp, combinați oțetul de vin, zahărul, bulionul, ketchup-ul și 30 ml/2 linguri sirop de ananas într-o cratiță, aduceți la fierbere și gătiți aproximativ 5 minute până se îngroașă. Adăugați fructele și încălziți înainte de a turna peste rață și de a servi.

Rață cu porc și castane

pentru 4 persoane

6 ciuperci chinezești uscate

1 rata

225 g de castane decojite

225 g carne slabă de porc, tăiată cubulețe

3 eșalote (opaci), tocate

1 felie radacina de ghimbir, tocata

250 ml / 8 fl oz / 1 cană sos de soia

900 ml / 1 ½ punct / 3 ¾ cani de apă

Înmuiați ciupercile în apă caldă timp de 30 de minute și scurgeți-le. Scoateți tulpinile și tăiați capacele. Puneți toate ingredientele rămase într-o tigaie mare, aduceți la fierbere, acoperiți și gătiți aproximativ 1 oră și jumătate până când rața este gătită.

rață cu cartofi

pentru 4 persoane

75 ml/5 linguri ulei de arahide

1 rata

3 catei de usturoi, macinati

30 ml/2 linguri sos de fasole neagra

10 ml / 2 lingurițe sare

1,2 L/2 pt/5 căni de apă

2 praz, tăiați în felii groase

15 ml/1 lingura zahar

45 ml/3 linguri sos de soia

60 ml / 4 linguri vin de orez sau sherry uscat

1 cățel de anason stelat

900 g cartofi, tăiați în felii groase

½ cap de frunze chinezești

15 ml / 1 lingură făină de porumb (amidon de porumb)

30 ml/2 linguri de apă

crengute de patrunjel cu frunze plate

Se încălzește 60 ml/4 linguri de ulei și se prăjește rața până se rumenește pe toate părțile. Legați sau coaseți capătul gâtului și puneți rața, cu gâtul în jos, într-un castron adânc. Încinge uleiul rămas și căliți usturoiul până se rumenește ușor. Adăugați sosul de fasole neagră și sare și puneți la sot timp de 1 minut. Adăugați apa, prazul, zahărul, sosul de soia, vinul sau sherry și anasonul stelat și aduceți la fiert. Turnați 120 ml / 8 fl oz / 1 cană de amestec în cavitatea raței și legați sau coaseți pentru a se fixa. Aduceți amestecul rămas în oală la fierbere. Adăugați rața și cartofii, acoperiți și gătiți timp de 40 de minute, întorcând rața o dată. Aranjați frunzele chinezești pe o farfurie. Scoateți rața din tigaie, tăiați-o bucăți de 5/2 cm și aranjați-o pe un platou de servire împreună cu cartofii. Se amestecă făina de porumb într-o pastă cu apă,

rață roșie fiartă

pentru 4 persoane

1 rata

4 eșalote, tăiate în bucăți

2 felii de rădăcină de ghimbir, tăiate fâșii

90 ml/6 linguri sos de soia

45 ml/3 linguri vin de orez sau sherry uscat

10 ml / 2 lingurițe sare

10 ml / 2 lingurițe de zahăr

Puneți rata într-o oală grea, acoperiți cu apă și aduceți la fierbere. Adaugati salota, ghimbirul, vinul sau sherry si sare, acoperiti si gatiti aproximativ 1 ora. Adăugați zahărul și gătiți încă 45 de minute până când rața este fragedă. Tăiați rața pe un platou de servire și serviți caldă sau rece, cu sau fără sos.

Friptură de rață în vin de orez

pentru 4 persoane

1 rata
500 ml / 14 fl oz / 1¾ cani de sherry uscat sau vin de orez
5 ml/1 lingurita sare
45 ml/3 linguri sos de soia

Puneți rata într-o cratiță cu fundul greu cu sherry și sare, aduceți la fiert, acoperiți și gătiți timp de 20 de minute. Scurgeți rata, rezervând lichidul, și frecați-o cu sos de soia. Puneți pe un grătar într-o tavă de copt umplută cu puțină apă fierbinte și gătiți în cuptorul preîncălzit la 180°C / 350°F / gaz marca 4 timp de aproximativ 1 oră, ungând regulat cu vinul lichid rezervat.

Rață la abur cu vin de orez

pentru 4 persoane

1 rata

4 eșalote (opaci), tăiate la jumătate

1 felie radacina de ghimbir, tocata

250 ml / 8 fl oz / 1 cană vin de orez sau sherry uscat

30 ml/2 linguri sos de soia

vârf de cuțit de sare

Se fierbe rața în apă clocotită timp de 5 minute și se scurge. Puneți-l într-un bol termorezistent împreună cu celelalte ingrediente. Așezați recipientul într-o oală plină cu apă, astfel încât să ajungă la două treimi din pereții recipientului. Aduceți la fiert, acoperiți și gătiți aproximativ 2 ore până când rața este fragedă. Aruncați eșalota și ghimbirul înainte de servire.

rață gătită lent

pentru 4 persoane

1 rata

50 g / 2 uncii / ½ cană făină de porumb (amidon de porumb)

Prăjiți ulei

2 catei de usturoi, macinati

30 ml/2 linguri vin de orez sau sherry uscat

30 ml/2 linguri sos de soia

5 ml/1 linguriță rădăcină de ghimbir rasă

750 ml / 1 ¼ punct / 3 căni supă de pui

4 ciuperci chinezești uscate

225g/8oz muguri de bambus, feliați

225 g castane de apă, feliate

10 ml / 2 linguriţe de zahăr

praf de piper

5 ceai (cei), feliați

Tăiați rața în bucăți mari. Rezervați 30 ml/2 linguri de amidon de porumb și acoperiți rața cu amidonul de porumb rămas. Ștergeți excesul. Încinge uleiul și călește usturoiul și rața până se rumenesc ușor. Scoatem din tava si scurgem pe hartie absorbanta. Pune rața într-o tigaie mare. Adăugați vin sau sherry, 15 ml/1 lingură sos de soia și ghimbir. Se adaugă în tigaie și se fierbe la foc mare timp de 2 minute. Adăugați jumătate din bulion, aduceți la fierbere, acoperiți și gătiți aproximativ 1 oră până când rața este fragedă.

Între timp, înmuiați ciupercile în apă caldă timp de 30 de minute și scurgeți-le. Scoateți tulpinile și tăiați capacele. Adăugați ciupercile, lăstarii de bambus și castanele de apă la rață și gătiți, amestecând continuu, timp de 5 minute. Îndepărtați grăsimea din lichid. Combinați bulionul rămas, amidonul de porumb și sosul de soia cu zahărul și piperul și amestecați în tigaie. Aduceți la fiert, amestecând, și gătiți aproximativ 5 minute până când sosul s-a îngroșat. Transferați pe o farfurie caldă și serviți ornat cu arpagic.

rață prăjită

pentru 4 persoane

1 albus de ou, batut usor

20 ml / 1 1/2 linguri amidon de porumb (amidon de porumb)

sare

450 g piept de rata, taiat in felii subtiri

45 ml/3 linguri ulei de arahide

2 eșalote, tăiate fâșii

1 ardei verde, tăiat fâșii

5 ml/1 lingurita vin de orez sau sherry uscat

75 ml/5 linguri supa de pui

2,5 ml/½ linguriță zahăr

Bate albusul spuma cu 15 ml/1 lingura de amidon de porumb si un praf de sare. Adăugați rața feliată și amestecați până când rața este acoperită. Încinge uleiul și prăjește rața până când este fiartă și aurie. Scoateți rața din tigaie și scurgeți tot, cu excepția a 30 ml/2 linguri de ulei. Adaugati salota si ardeiul si caliti 3 minute. Adăugați vinul sau sherry, bulionul și zahărul și aduceți la fierbere. Amestecați amidonul de porumb rămas cu puțină apă, adăugați-l în sos și fierbeți, amestecând, până când sosul s-a îngroșat. Adăugați rața, încălziți-o și serviți.

rață cu cartofi dulci

pentru 4 persoane

1 rata

250 ml / 8 fl oz / 1 cană ulei de arahide

225 g cartofi dulci, decojiti si taiati cubulete

2 catei de usturoi, macinati

1 felie radacina de ghimbir, tocata

2,5 ml/½ linguriță de scorțișoară

2,5 ml / ½ linguriță cuișoare măcinate

un praf de anason macinat

5 ml/1 lingurita zahar

15 ml/1 lingura sos de soia

250 ml / 8 fl oz / 1 cană bulion de pui

15 ml / 1 lingură făină de porumb (amidon de porumb)

30 ml/2 linguri de apă

Tăiați rața în bucăți de 5/2 cm. Încinge uleiul și prăjește cartofii până se rumenesc. Scoateți din tigaie și scurgeți tot, în afară de 30 ml/2 linguri de ulei. Se adaugă usturoiul și ghimbirul și se călesc timp de 30 de secunde. Se adaugă rața și se prăjește până se rumenește ușor pe toate părțile. Adăugați condimentele, zahărul, sosul de soia și bulionul și aduceți la fiert. Adăugați cartofii, acoperiți și gătiți aproximativ 20 de minute până când rața este fragedă. Bateți amidonul de porumb într-o pastă cu apă, apoi adăugați-l în tigaie și gătiți, amestecând, până se îngroașă sosul.

rață dulce-acrișoară

pentru 4 persoane

1 rata

1,2 L/2 pt/5 căni supă de pui

2 cepe

2 morcovi

2 catei de usturoi, taiati felii

15 ml/1 lingură condiment pentru murături

10 ml / 2 lingurițe sare

10 ml/2 lingurițe ulei de arahide

6 eșalote (opaci), tocate

1 mango, decojit și tăiat cubulețe

12 lychees, tăiate în jumătate

15 ml / 1 lingură făină de porumb (amidon de porumb)

15 ml/1 lingura otet de vin

10 ml / 2 lingurite pasta de tomate (concentrat)

15 ml/1 lingura sos de soia

5 ml/1 linguriță pudră cu cinci condimente

300 ml / ½ pt / 1¼ cani supa de pui

Pune rața în coșul de aburi într-o oală care conține bulionul, ceapa, morcovii, usturoiul, condimentele pentru murat și sare. Acoperiți și gătiți la abur timp de 2 1/2 ore. Lăsați rața să se răcească, acoperiți și dați la frigider timp de 6 ore. Scoateți carnea de pe oase și tăiați-o în cuburi. Se încălzește uleiul și se prăjește rața și ceapa primăvară până devin crocante. Adăugați ingredientele rămase, aduceți la fiert și gătiți timp de 2 minute, amestecând, până când sosul s-a îngroșat.

rață mandarină

pentru 4 persoane

1 rata
60 ml/4 linguri ulei de arahide
1 bucată de coajă de mandarină uscată
900 ml / 1 ½ punct / 3 ¾ cani supa de pui
5 ml/1 lingurita sare

Atârnă rața la uscat timp de 2 ore. Se încălzește jumătate din ulei și se prăjește rata până se rumenește ușor. Transferați într-un castron mare rezistent la căldură. Se încălzește uleiul rămas și se prăjește coaja de mandarine timp de 2 minute, apoi se introduce în rață. Se toarnă bulionul peste rață și se condimentează cu sare. Așezați vasul pe un gratar într-un cuptor cu abur, acoperiți și gătiți la abur aproximativ 2 ore până când rața este fragedă.

rață cu legume

pentru 4 persoane

1 rață mare, tăiată în 16 bucăți

sare

300 ml / ½ pt / 1¼ cană apă

300 ml vin alb sec

120 ml / 4 fl oz / ½ cană oțet de vin

45 ml/3 linguri sos de soia

30 ml/2 linguri sos de prune

30 ml/2 linguri sos hoisin

5 ml/1 linguriță pudră cu cinci condimente

6 eșalote (opaci), tocate

2 morcovi, tocați

5cm/2cm ridichi alba, tocata

50 g varză chinezească tăiată cubulețe

piper proaspăt măcinat

5 ml/1 lingurita zahar

Puneți bucățile de rață într-un bol, stropiți-le cu sare și adăugați apa și vinul. Adăugați oțetul de vin, sosul de soia, sosul de prune, sosul hoisin și pudra cu cinci condimente, aduceți la fierbere, acoperiți și fierbeți timp de aproximativ 1 oră. Adăugați legumele în tigaie, scoateți capacul și gătiți încă 10 minute. Se condimenteaza cu sare, piper si zahar si se lasa la racit. Acoperiți și lăsați la frigider peste noapte. Îndepărtați grăsimea și reîncălziți rața în sos timp de 20 de minute.

Ouă la abur cu pește

pentru 4 persoane

225 g file de limbă, tăiate fâșii
30 ml / 2 linguri faina de porumb (amidon de porumb)
½ ardei verde mic, tocat
1 șalotă, tocată mărunt
30 ml/2 linguri ulei de arahide
120 ml / 4 fl oz / ½ cană bulion de pui
3 oua batute usor
vârf de cuțit de sare

Presarati usor fasiile de peste in faina de porumb, apoi scuturati excesul. Aranjați-le pe o farfurie plată. Stropiți cu piper, arpagic și ulei de măsline. Se încălzește bulionul de pui, se adaugă în ouă și se condimentează cu sare, apoi se toarnă amestecul peste pește. Se aseaza tava pe un gratar in cuptorul cu abur, se acopera si se lasa la abur aproximativ 40 de minute in apa clocotita pana cand pestele este fiert si ouale se intarit.

Ouă la abur cu șuncă și pește

Pentru 4-6 persoane

6 oua, separate
225g/8oz cod tocat (măcinat)
375 ml / 13 fl oz / 1 ½ cani de apa fierbinte
vârf de cuțit de sare
50 g sunca afumata tocata
15 ml/1 lingură ulei de arahide
crengute de patrunjel cu frunze plate

Se amestecă albușurile cu peștele, jumătate din apă și puțină sare și se toarnă amestecul într-o cratiță puțin adâncă. Se amestecă gălbenușurile cu apa rămasă, șunca și puțină sare și se toarnă peste amestecul de albușuri. Puneti cratita pe un gratar intr-un cuptor cu abur, acoperiti si fierbeti in apa clocotita timp de aproximativ 20 de minute pana ouale sunt bine intarite. Se incinge uleiul pana se afuma, se toarna peste oua si se serveste ornat cu patrunjel.

Ouă la abur cu carne de porc

pentru 4 persoane

45 ml/3 linguri ulei de arahide
225 g carne de porc slaba, macinata (tocata)
100 g castane de apa, tocate (tocate)
1 şalotă, tocată
30 ml/2 linguri sos de soia
5 ml/1 lingurita sare
120 ml / 4 fl oz / ½ cană bulion de pui
4 oua batute usor

Încinge uleiul și prăjește carnea de porc, castane de apă și ceapa primăvară până se rumenește ușor. Adăugați sosul de soia și sarea, apoi scurgeți excesul de ulei și turnați-l într-un vas puțin adânc. Se încălzește bulionul, se adaugă la ouă și se toarnă peste amestecul de carne. Asezam tava pe un gratar intr-un cuptor cu abur, acoperim si fierbem in apa clocotita aproximativ 30 de minute pana ouale sunt gata.

Ouă de porc prăjite

pentru 4 persoane

100 g/4 oz carne de porc măcinată (măcinată)

2 ceai (cei), tocate

15 ml / 1 lingură făină de porumb (amidon de porumb)

15 ml/1 lingură vin de orez sau sherry uscat

15 ml/1 lingura sos de soia

2,5 ml/½ linguriță sare

4 ouă fierte (fierte tari).

Prăjiți ulei

½ salată verde rasă

Adăugați carnea de porc, eșalota, mălaiul, vinul sau sherry, sosul de soia și sarea. Modelați în jurul ouălor pentru a le acoperi complet. Încinge uleiul și prăjește ouăle până când toppingul este auriu și fiert. Le scurgem, le scurgem bine si le servim pe un pat de salata verde.

Oua prajite cu sos de soia

pentru 4 persoane

45 ml/3 linguri ulei de arahide

4 ouă

15 ml/1 lingura sos de soia

¼ salata verde fiecare, tocata

Încinge uleiul până este foarte fierbinte şi sparge ouăle în tigaie. Gatiti pana cand fundul devine usor auriu, stropiti generos cu sos de soia si intoarceti fara a rupe galbenusul. Se prăjeşte încă un minut. Aranjaţi salata verde pe un platou de servire şi acoperiţi cu ouăle pentru a servi.

ouă de jumătate de lună

pentru 4 persoane

45 ml/3 linguri ulei de arahide

4 ouă

sare si piper proaspat macinat

15 ml/1 lingura sos de soia

15 ml/1 lingura patrunjel proaspat tocat

Încinge uleiul până este foarte fierbinte și sparge ouăle în tigaie. Gatiti pana cand fundul se rumeneste usor, apoi presarati cu sare, piper si sos de soia. Îndoiți oul în jumătate și apăsați ușor pentru a se lipi. Gatiti inca 2 minute pana se rumenesc pe ambele parti si serviti presarat cu patrunjel.

oua prajite cu legume

pentru 4 persoane

4 ciuperci chinezești uscate

30 ml/2 linguri ulei de arahide

2,5 ml/½ linguriță sare

3 eșalote (opaci), tocate

50 g muguri de bambus, feliați

50 g castane de apă, feliate

90 ml/6 linguri supă de pui

10 ml / 2 lingurițe de făină de porumb (amidon de porumb)

15 ml/1 lingura de apa

5 ml/1 lingurita zahar

Prăjiți ulei

4 ouă

¼ salata verde fiecare, tocata

Înmuiați ciupercile în apă caldă timp de 30 de minute și scurgeți-le. Scoateți tulpinile și tăiați capacele. Se încălzește uleiul și sarea și se prăjește arpagicul timp de 30 de secunde. Adăugați lăstarii de bambus și castanele de apă și prăjiți timp de 2 minute. Adăugați bulionul, aduceți la fiert, acoperiți și gătiți timp de 2 minute. Bateți făina de porumb și apa într-o pastă și amestecați-o în tigaie cu zahărul. Gatiti, amestecand, pana se ingroasa sosul. Intre timp se incinge uleiul si se prajesc ouale cateva minute pana cand marginile incep sa devina aurii. Se aranjează salata verde pe un platou de servire, se decorează cu ouă și se toarnă peste sosul picant.

omletă chinezească

pentru 4 persoane

4 ouă

sare si piper proaspat macinat

30 ml/2 linguri ulei de arahide

Bate usor ouale si asezoneaza cu sare si piper. Se încălzește uleiul, se toarnă ouăle în tigaie și se înclină tigaia astfel încât oul să acopere suprafața. Ridicați marginile omletei în timp ce puneți ouăle, astfel încât oul crud să poată aluneca dedesubt. Gatiti pana se intareste, apoi impaturiti in jumatate si serviti imediat.

Omletă chinezească cu muguri de fasole

pentru 4 persoane

100 g de muguri de soia

4 ouă

sare si piper proaspat macinat

30 ml/2 linguri ulei de arahide

½ ardei verde mic, tocat

2 ceai (cei), tocate

Albește mugurii de fasole în apă clocotită timp de 2 minute și se scurge bine. Bate usor ouale si asezoneaza cu sare si piper. Încinge uleiul și călește ardeiul și arpagicul timp de 1 minut. Adăugați mugurii de fasole și amestecați până când sunt acoperiți cu ulei. Turnați ouăle în tigaie și înclinați-o astfel încât oul să acopere suprafața. Ridicați marginile omletei în timp ce puneți ouăle, astfel încât oul crud să poată aluneca dedesubt. Gatiti pana se intareste, apoi impaturiti in jumatate si serviti imediat.

Omletă de conopidă

pentru 4 persoane

1 conopida, taiata buchetele

225 g pui tocat (tocat)

5 ml/1 lingurita sare

3 albusuri batute spuma

2,5 ml/½ linguriță sare de țelină

45 ml/3 linguri supă de pui

45 ml/3 linguri ulei de arahide

Albește buchețelele de conopidă în apă clocotită timp de 10 minute, apoi se scurg bine. Adăugați puiul, sarea, albușurile, sarea de țelină și bulionul. Bateți cu un mixer electric până se omogenizează. Se încălzește uleiul, se adaugă amestecul de pui și se prăjește aproximativ 2 minute. Se adauga conopida si se mai caleste inca 2 minute inainte de servire.

Omletă de crab cu sos brun

pentru 4 persoane

15 ml/1 lingură ulei de arahide

4 oua batute

2,5 ml/½ linguriță sare

200 g carne de crab, fulgi

175 ml / 6 fl oz / ¾ cană supă de pui

15 ml/1 lingura sos de soia

10 ml / 2 lingurițe de făină de porumb (amidon de porumb)

45 ml/3 linguri mazăre fiartă

Incalzeste uleiul. Bateți ouăle și sarea și adăugați-le la carnea de crab. Se toarnă în tigaie și se gătește, ridicând marginile omletei în timp ce așezi ouăle, astfel încât oul crud să alunece dedesubt. Gătiți până se întărește, apoi pliați în jumătate și transferați pe o farfurie caldă. Între timp, încălziți bulionul cu sosul de soia și amidonul de porumb, amestecând până când amestecul fierbe și se îngroașă. Gatiti 2 minute, apoi adaugati mazarea. Se toarnă peste tortilla înainte de servire.

Omletă cu șuncă și castane de apă

pentru 2 persoane

30 ml/2 linguri ulei de arahide

1 ceapa tocata

1 cățel de usturoi, zdrobit

50 g sunca tocata

50 g castane de apa tocate

15 ml/1 lingura sos de soia

50 g brânză cheddar

3 oua batute

Se incinge jumatate din ulei si se caleste ceapa, usturoiul, sunca, castanele de apa si sosul de soia pana se rumenesc usor. Scoateți-le din tigaie. Se încălzește uleiul rămas, se adaugă ouăle și se scoate oul din centru imediat ce începe să se întărească, astfel încât oul crud să se scurgă. Când oul este gata, turnați amestecul de șuncă pe jumătate din tortilla, decorați cu brânză și împăturiți cealaltă jumătate de tortilla. Acoperiți și gătiți timp de 2 minute, apoi întoarceți și gătiți încă 2 minute până când se rumenesc.

omletă de homar

pentru 4 persoane

4 ouă

sare si piper proaspat macinat

30 ml/2 linguri ulei de arahide

3 eșalote (opaci), tocate

100 g carne de homar tocata

Bate usor ouale si asezoneaza cu sare si piper. Se încălzește uleiul și se călește șalota timp de 1 minut. Adauga homarul si amesteca pana se imbraca in ulei. Turnați ouăle în tigaie și înclinați-o astfel încât oul să acopere suprafața. Ridicați marginile omletei în timp ce puneți ouăle, astfel încât oul crud să poată aluneca dedesubt. Gatiti pana se intareste, apoi impaturiti in jumatate si serviti imediat.

omletă cu stridii

pentru 4 persoane

4 ouă

120 ml / 4 fl oz / ½ cană lapte

12 stridii decojite

3 eșalote (opaci), tocate

sare si piper proaspat macinat

30 ml/2 linguri ulei de arahide

50 g carne slabă de porc, tocată

50 g ciuperci, feliate

50 g muguri de bambus, feliați

Bateți ușor ouăle cu laptele, stridiile, arpagicul, sare și piper. Încinge uleiul și prăjește carnea de porc până se rumenește ușor. Adăugați ciupercile și lăstarii de bambus și prăjiți timp de 2 minute. Turnați amestecul de ouă în tigaie și gătiți, ridicând marginile omletei în timp ce așezați ouăle, astfel încât oul crud să alunece dedesubt. Gătiți până se întărește, apoi pliați în jumătate, întoarceți tortilla și gătiți până se rumenesc ușor pe cealaltă parte. Serviți imediat.

Omletă cu creveți

pentru 4 persoane

4 ouă

15 ml/1 lingură vin de orez sau sherry uscat

sare si piper proaspat macinat

30 ml/2 linguri ulei de arahide

1 felie radacina de ghimbir, tocata

225 g de creveți decojiți

Batem usor ouale cu vinul sau sherry si asezonam cu sare si piper. Se încălzește uleiul și se prăjește ghimbirul până devine ușor auriu. Adăugați creveții și amestecați până când sunt acoperiți cu ulei. Turnați ouăle în tigaie și înclinați-o astfel încât oul să acopere suprafața. Ridicați marginile omletei în timp ce puneți ouăle, astfel încât oul crud să poată aluneca dedesubt. Gatiti pana se intareste, apoi impaturiti in jumatate si serviti imediat.

omletă cu scoici

pentru 4 persoane
4 ouă
5 ml/1 lingurita sos de soia
sare si piper proaspat macinat
30 ml/2 linguri ulei de arahide
3 eșalote (opaci), tocate
225 g scoici, tăiate în jumătate

Batem usor ouale cu sosul de soia si asezonam cu sare si piper. Se încălzește uleiul și se călește șoapele până se rumenesc ușor. Adăugați scoicile și rumeniți-le timp de 3 minute. Turnați ouăle în tigaie și înclinați-o astfel încât oul să acopere suprafața. Ridicați marginile omletei în timp ce puneți ouăle, astfel încât oul crud să poată aluneca dedesubt. Gatiti pana se intareste, apoi impaturiti in jumatate si serviti imediat.

omletă cu tofu

pentru 4 persoane

4 ouă

sare si piper proaspat macinat

30 ml/2 linguri ulei de arahide

225 g piure de tofu

Bate usor ouale si asezoneaza cu sare si piper. Se încălzește uleiul, apoi se adaugă tofu și se prăjește până se încinge. Turnați ouăle în tigaie și înclinați-o astfel încât oul să acopere suprafața. Ridicați marginile omletei în timp ce puneți ouăle, astfel încât oul crud să poată aluneca dedesubt. Gatiti pana se intareste, apoi impaturiti in jumatate si serviti imediat.

Omletă de porc umplută

pentru 4 persoane

50 g de muguri de soia

60 ml/4 linguri ulei de arahide

225 g carne slabă de porc, tăiată cubulețe

3 eșalote (opaci), tocate

1 tulpină de țelină, tocată

15 ml/1 lingura sos de soia

5 ml/1 lingurita zahar

4 oua batute usor

sare

Se albesc mugurii de fasole în apă clocotită timp de 3 minute și se scurg bine. Se încălzește jumătate din ulei și se prăjește carnea de porc până se rumenește ușor. Se adaugă eșapa și țelina și se călesc timp de 1 minut. Adăugați sosul de soia și zahărul și puneți la sot timp de 2 minute. Scoateți din tigaie. Se condimentează ouăle bătute cu sare. Se încălzește uleiul rămas și se toarnă ouăle în tigaie, înclinând-o astfel încât oul să acopere suprafața. Ridicați marginile omletei în timp ce puneți ouăle, astfel încât oul crud să poată aluneca dedesubt. Turnați umplutura pe jumătate din tortilla și împăturiți-o în jumătate. Gatiti pana este fiert si serviti imediat.

Omletă umplută cu creveți

pentru 4 persoane

30 ml/2 linguri ulei de arahide

2 batoane de telina, tocate

2 ceai (cei), tocate

225 g creveți curățați, tăiați în jumătate

4 oua batute usor

sare

Încinge jumătate din ulei și căliți țelina și ceapa până devin ușor aurii. Adaugati crevetii si caliti pana sunt bine fierti. Scoateți din tigaie. Se condimentează ouăle bătute cu sare. Se încălzește uleiul rămas și se toarnă ouăle în tigaie, înclinând-o astfel încât oul să acopere suprafața. Ridicați marginile omletei în timp ce puneți ouăle, astfel încât oul crud să poată aluneca dedesubt. Turnați umplutura pe jumătate din tortilla și împăturiți-o în jumătate. Gatiti pana este fiert si serviti imediat.

Rulouri de tortilla la abur cu umplutură de pui

pentru 4 persoane

4 oua batute usor

sare

15 ml/1 lingură ulei de arahide

100 g pui fiert, tocat

2 felii de rădăcină de ghimbir, tocate

1 ceapa tocata

120 ml / 4 fl oz / ½ cană bulion de pui

15 ml/1 lingură vin de orez sau sherry uscat

Bateți ouăle și asezonați cu sare. Se încălzește un strop de ulei de măsline și se toarnă un sfert din ouă, înclinând-le pentru a distribui amestecul în tigaie. Se prăjește până se rumenește ușor pe o parte și se aranjează pe o farfurie. Gatiti restul de 4 tortilla. Se amestecă puiul, ghimbirul și ceapa. Distribuiți amestecul uniform între tortilla, rulați-le, fixați-le cu scobitori și puneți-le într-o tavă de copt puțin adâncă. Puneți pe un gratar într-un cuptor cu abur, acoperiți și fierbeți la abur timp de 15 minute. Transferați pe o farfurie caldă și tăiați în felii groase. Intre timp se incinge bulionul si sherry si se condimenteaza cu sare. Se toarnă pe tortilla și se servește.

clătite cu stridii

Pentru 4-6 persoane

12 stridii

4 oua batute usor

3 ceai (cei), feliați

sare si piper proaspat macinat

6 ml / 4 linguri 00 făină (universal)

2,5 ml/½ linguriță praf de copt

45 ml/3 linguri ulei de arahide

Decojiți stridiile, puneți deoparte 60 ml/4 linguri de lichior și tocați-le grosier. Se amestecă ouăle cu stridiile, arpagicul, sare și piper. Se amestecă făina și praful de copt, se bate până obții o pastă cu lichiorul de stridii, apoi se adaugă amestecul în ouă. Încinge puțin ulei și prăjește linguri de aluat pentru a forma clătite mici. Gatiti pana sunt usor aurii pe fiecare parte, adaugati putin ulei in tigaie si continuati pana se epuizeaza amestecul.

Friteli de creveți

pentru 4 persoane

50 g creveți decojiți, tăiați

4 oua batute usor

75 g / 3 uncii / ½ cană făină integrală de grâu (universal)

sare si piper proaspat macinat

120 ml / 4 fl oz / ½ cană bulion de pui

2 ceai (cei), tocate

30 ml/2 linguri ulei de arahide

Se amestecă toate ingredientele, cu excepția uleiului. Se încălzește un strop de ulei, se toarnă un sfert din aluat, înclinând tigaia pentru a o întinde pe bază. Gatiti pana se rumenesc usor pe fund, apoi intoarceti si rumeniti cealalta parte. Scoateți din tigaie și continuați să gătiți clătitele rămase.

Ouă omlete chinezești

pentru 4 persoane

4 oua batute

2 ceai (cei), tocate

vârf de cuțit de sare

5 ml/1 lingurita sos de soia (optional)

30 ml/2 linguri ulei de arahide

Bateți ouăle cu eșalota, sarea și sosul de soia, dacă folosiți. Se încălzește uleiul și se toarnă amestecul de ouă. Se amestecă ușor cu o furculiță până când ouăle s-au solidificat. Serviți imediat.

Omletă de pește

pentru 4 persoane

225 g file de pește
30 ml/2 linguri ulei de arahide
1 felie radacina de ghimbir, tocata
2 ceai (cei), tocate
4 oua batute usor
sare si piper proaspat macinat

Puneți peștele într-un recipient sigur pentru cuptor și puneți-l pe un suport într-un cuptor cu abur. Acoperiți și gătiți la abur timp de aproximativ 20 de minute, apoi îndepărtați pielea și tocați carnea. Încinge uleiul și căliți ghimbirul și ceapa primăvară până se rumenesc ușor. Se adauga pestele si se amesteca pana se imbraca cu ulei. Se condimentează ouăle cu sare și piper, se toarnă în tigaie și se amestecă ușor cu o furculiță până când ouăle sunt fierte tari. Serviți imediat.

Scramble de ciuperci

pentru 4 persoane

30 ml/2 linguri ulei de arahide

4 oua batute

3 eşalote (opaci), tocate

vârf de cuţit de sare

5 ml/1 lingurita sos de soia

100 g ciuperci, tocate grosier

Se incinge jumatate din ulei si se prajesc ciupercile cateva minute pana se incing, apoi se scot din tigaie. Bateți ouăle cu arpagicul, sarea și sosul de soia. Se încălzește uleiul rămas și se toarnă amestecul de ouă. Se amestecă ușor cu o furculiță până când ouăle încep să se întărească, apoi se pun ciupercile înapoi în tigaie și se gătesc până când ouăle se întăresc. Serviți imediat.

Ouă omletă cu sos de stridii

pentru 4 persoane

4 oua batute

3 eșalote (opaci), tocate

sare si piper proaspat macinat

5 ml/1 lingurita sos de soia

30 ml/2 linguri ulei de arahide

15 ml/1 lingura sos de stridii

100 g sunca fiarta, tocata

2 crengute de patrunjel plat

Bateți ouăle cu arpagicul, sare, piper și sosul de soia. Adăugați jumătate din ulei. Se încălzește uleiul rămas și se toarnă amestecul de ouă. Se amestecă ușor cu o furculiță până când ouăle încep să se îngroașe, apoi se adaugă sosul de stridii și se fierbe până se întăresc ouăle. Se servesc ornat cu sunca si patrunjel.

omletă cu carne de porc

pentru 4 persoane

225 g carne slabă de porc, tăiată în fulgi

30 ml/2 linguri sos de soia

30 ml/2 linguri ulei de arahide

2 ceai (cei), tocate

4 ouă batute

vârf de cuțit de sare

5 ml/1 lingurita sos de soia

Adăugați carnea de porc și sosul de soia, astfel încât carnea de porc să fie bine acoperită. Încinge uleiul și prăjește carnea de porc până se rumenește ușor. Adaugati salota si rumeniti-le 1 minut. Bateți ouăle cu eșalota, sarea și sosul de soia și turnați amestecul de ouă în tigaie. Se amestecă ușor cu o furculiță până când ouăle s-au solidificat. Serviți imediat.

Oleită de porc și creveți

pentru 4 persoane

100 g/4 oz carne de porc măcinată (măcinată)

225 g de creveți decojiți

2 ceai (cei), tocate

1 felie radacina de ghimbir, tocata

5 ml / 1 lingurita faina de porumb (amidon de porumb)

15 ml/1 lingură vin de orez sau sherry uscat

15 ml/1 lingura sos de soia

sare si piper proaspat macinat

45 ml/3 linguri ulei de arahide

4 oua batute usor

Adăugați carnea de porc, creveții, ceai, ghimbir, făină de porumb, vin sau sherry, sos de soia, sare și piper. Încinge uleiul și prăjește amestecul de carne de porc până se rumenește ușor. Se toarnă ouăle și se amestecă ușor cu o furculiță până când ouăle s-au solidificat. Serviți imediat.

Ouă Oleite Cu Spanac

pentru 4 persoane

45 ml/3 linguri ulei de arahide

225 g spanac

4 oua batute

2 ceai (cei), tocate

vârf de cuțit de sare

Încinge jumătate din ulei și călește spanacul câteva minute până când este verde aprins, dar se ofilește. Scoateți din tigaie și tocați mărunt. Bateți ouăle cu eșalota, sarea și sosul de soia, dacă folosiți. Adăugați spanacul. Se încălzește uleiul și se toarnă amestecul de ouă. Se amestecă ușor cu o furculiță până când ouăle s-au solidificat. Serviți imediat.

Ouă omletă cu arpagic

pentru 4 persoane

4 oua batute

8 eșalote, tocate

sare si piper proaspat macinat

5 ml/1 lingurita sos de soia

30 ml/2 linguri ulei de arahide

Bateți ouăle cu arpagicul, sare, piper și sosul de soia. Se încălzește uleiul și se toarnă amestecul de ouă. Se amestecă ușor cu o furculiță până când ouăle s-au solidificat. Serviți imediat.

Ouă omletă cu roșii

pentru 4 persoane

4 oua batute

2 ceai (cei), tocate

vârf de cuțit de sare

30 ml/2 linguri ulei de arahide

3 roșii curățate și tăiate bucăți

Bateți ouăle cu arpagicul și sarea. Se încălzește uleiul și se toarnă amestecul de ouă. Se amestecă ușor până când ouăle încep să se îngroașe, apoi se adaugă roșiile și se continuă gătitul, amestecând, până se solidifică. Serviți imediat.

omletă cu legume

pentru 4 persoane

30 ml/2 linguri ulei de arahide

5 ml/1 lingurita ulei de susan

1 ardei verde, taiat cubulete

1 catel de usturoi, tocat

100 g mazăre de zăpadă, tăiată în jumătate

4 oua batute

2 ceai (cei), tocate

vârf de cuțit de sare

5 ml/1 lingurita sos de soia

Încinge jumătate din uleiul de arahide cu uleiul de susan și călește ardeiul și usturoiul până se rumenesc ușor. Adăugați turnul și prăjiți timp de 1 minut. Bateți ouăle cu arpagicul, sarea și sosul de soia și turnați amestecul în tigaie. Se amestecă ușor cu o furculiță până când ouăle s-au solidificat. Serviți imediat.

Sufleu de pui

pentru 4 persoane

100 g piept de pui tocat

(Pământ)

45 ml/3 linguri supă de pui

2,5 ml/½ linguriță sare

4 albusuri

75 ml/5 linguri ulei de arahide

Se amestecă bine puiul, bulionul și sarea. Bate albusurile spuma pana se intareste si adauga-le in amestec. Se încălzește uleiul până se afumă, se adaugă amestecul și se amestecă bine, apoi se reduce focul și se continuă gătitul, amestecând delicat, până când amestecul devine ferm.

sufle de crab

pentru 4 persoane

100 g carne de crab, fulgi

sare

15 ml / 1 lingură făină de porumb (amidon de porumb)

120 ml / 4 fl oz / ½ cană lapte

4 albusuri

75 ml/5 linguri ulei de arahide

Adăugați carnea de crab, sare, amidon de porumb și amestecați bine. Bate albusurile spuma pana se intareste si adauga-le in amestec. Se încălzește uleiul până se afumă, se adaugă amestecul și se amestecă bine, apoi se reduce focul și se continuă gătitul, amestecând delicat, până când amestecul devine ferm.

Sufleu de crab și ghimbir

pentru 4 persoane

75 ml/5 linguri ulei de arahide

2 felii de rădăcină de ghimbir, tocate

1 șalotă, tocată

100 g carne de crab, fulgi

sare

15 ml/1 lingură vin de orez sau sherry uscat

120 ml/4 ft oz/k cană de lapte

60 ml/4 linguri supă de pui

15 ml / 2 linguri faina de porumb (amidon de porumb)

4 albusuri

5 ml/1 lingurita ulei de susan

Încinge jumătate din ulei și căliți ghimbirul și ceapa până se înmoaie. Se adauga carnea de crab si sarea, se ia de pe foc si se lasa putin la racit. Se amestecă vinul sau sherry, laptele, bulionul și făina de porumb și se amestecă în amestecul de crab. Bate albusurile spuma pana se intareste si adauga-le in amestec. Se încălzește uleiul rămas până se afumă, se adaugă amestecul și se amestecă bine, apoi se reduce focul și se continuă gătitul, amestecând delicat, până când amestecul devine ferm.

Sufleu de pește

pentru 4 persoane

3 ouă, separate

5 ml/1 lingurita sos de soia

5 ml/1 lingurita zahar

sare si piper proaspat macinat

450 g fileuri de peste

45 ml/3 linguri ulei de arahide

Se amestecă gălbenușurile cu sosul de soia, zahărul, sare și piper. Tăiați peștele în bucăți mari. Înmuiați peștele în amestec până când este bine acoperit. Se incinge uleiul si se prajeste pestele pana se rumeneste usor pe fund. Între timp, batem spumă albușurile până se întăresc. Întoarceți peștele și turnați albușul peste pește. Gatiti timp de 2 minute pana cand fundul este usor auriu, apoi intoarceti din nou si gatiti inca un minut pana cand albusurile sunt intemeiate si aurii. Se serveste cu sos de rosii.

Sufleu de creveți

pentru 4 persoane

225 g creveți decojiți, tăiați
1 felie radacina de ghimbir, tocata
15 ml/1 lingură vin de orez sau sherry uscat
15 ml/1 lingura sos de soia
sare si piper proaspat macinat
4 albusuri
45 ml/3 linguri ulei de arahide

Adăugați creveți, ghimbir, vin sau sherry, sos de soia, sare și piper. Bate albusurile spuma pana se intareste si adauga-le in amestec. Se încălzeşte uleiul până se afumă, se adaugă amestecul şi se amestecă bine, apoi se reduce focul şi se continuă gătitul, amestecând delicat, până când amestecul devine ferm.

Sufleu de creveți cu muguri de fasole

pentru 4 persoane

100 g de muguri de soia
100 g creveți decojiți, tăiați grosier
2 ceai (cei), tocate
5 ml / 1 lingurita faina de porumb (amidon de porumb)
15 ml/1 lingură vin de orez sau sherry uscat
120 ml / 4 fl oz / ½ cană bulion de pui
sare
4 albusuri
45 ml/3 linguri ulei de arahide

Se albesc mugurii de fasole in apa clocotita timp de 2 minute, se scurg si se pastreaza la cald. Între timp, combinați creveții, ceapa, amidonul de porumb, vinul sau sherry și supuneți și asezonați cu sare. Bate albusurile spuma pana se intareste si adauga-le in amestec. Se încălzeşte uleiul până se afumă, se adaugă amestecul şi se amestecă bine, apoi se reduce focul şi se continuă gătitul, amestecând delicat, până când amestecul devine ferm. Se aranjează pe o farfurie caldă și se decorează cu muguri de fasole.

Sufleu de legume

pentru 4 persoane

5 ouă, separate

3 cartofi rasi

1 ceapa mica, tocata marunt

15 ml/1 lingura patrunjel proaspat tocat

5 ml/1 lingurita sos de soia

sare si piper proaspat macinat

Bate albusurile spuma pana se taie. Se bat gălbenușurile până sunt ușor și gros, apoi se adaugă cartofii, ceapa, pătrunjelul și sosul de soia și se amestecă bine.

Adăugați albușurile. Se toarnă într-o tavă unsă cu grăsime și se coace în cuptorul preîncălzit la 180°C/350°F/marca de gaz 4 pentru aproximativ 40 de minute.

ou foo yung

pentru 4 persoane

4 oua batute usor

sare

100 g pui fiert, tocat

1 ceapa tocata

2 batoane de telina, tocate

50 g ciuperci tocate

30 ml/2 linguri ulei de arahide

sos de ou foo yung

Se amestecă ouăle, sarea, puiul, ceapa, țelina și ciupercile. Se încălzește un strop de ulei și se toarnă un sfert din amestec în tigaie. Se prăjește până când fundul se rumenește ușor, apoi se întoarce și se rumenește cealaltă parte. Serviți cu sos de ou foo yung.

Foo Yung ou prăjit

pentru 4 persoane

4 oua batute usor

5 ml/1 lingurita sare

100 g sunca afumata tocata

100 g ciuperci tocate

15 ml/1 lingura sos de soia

Prăjiți ulei

Amesteca ouale cu sare, sunca, ciuperci si sos de soia. Se încălzește uleiul și se toarnă cu grijă linguri de amestec în ulei. Gatiti pana se ridica la suprafata, invartindu-le pana devin maro auriu pe ambele parti. Scoateți din ulei și scurgeți în timp ce gătiți clătitele rămase.

Crab Foo Yung cu ciuperci

pentru 4 persoane

6 oua batute

45 ml / 3 linguri faina de porumb (amidon de porumb)

100 g de carne de crab

100 g ciuperci, tăiate cubulețe

100 g de mazăre congelată

2 ceai (cei), tocate

5 ml/1 lingurita sare

45 ml/3 linguri ulei de arahide

Bateți ouăle și apoi adăugați amidonul de porumb. Adăugați toate ingredientele rămase, cu excepția uleiului. Se incinge un strop de ulei si se toarna amestecul in tigaie putin cate putin pana se formeaza clatite mici de aproximativ 3 centimetri in diametru. Se prăjește până când fundul se rumenește ușor, apoi se întoarce și se rumenește cealaltă parte. Continuați până când se folosește tot amestecul.

Foo Yung Ham

pentru 4 persoane

60 ml/4 linguri ulei de arahide

50 g muguri de bambus tăiați cubulețe

50 g castane de apă, tăiate cubulețe

2 ceai (cei), tocate

2 batoane de telina, tocate

50 g sunca afumata taiata cubulete

15 ml/1 lingura sos de soia

2,5 ml/½ linguriță zahăr

2,5 ml/½ linguriță sare

4 oua batute usor

Se încălzește jumătate din ulei de măsline și se călesc lăstarii de bambus, castanele de apă, eșapa și țelina timp de aproximativ 2 minute. Adaugam sunca, sosul de soia, zaharul si sarea, scoatem din tigaie si lasam sa se raceasca putin. Adăugați amestecul în ouăle bătute. Se încălzește puțin din uleiul rămas și se toarnă amestecul în tigaie puțin câte puțin până se formează clătite mici de aproximativ 3 centimetri în diametru. Se prăjește până când fundul se rumenește ușor, apoi se întoarce și se rumenește cealaltă parte. Continuați până când se folosește tot amestecul.

Ouă de porc prăjită Foo Yung

pentru 4 persoane

4 ciuperci chinezești uscate
60 ml/3 linguri ulei de arahide
100 g friptură de porc trasă
100 g varză chinezească tocată
50 g muguri de bambus, feliați
50 g castane de apă, feliate
4 oua batute usor
sare si piper proaspat macinat

Înmuiați ciupercile în apă caldă timp de 30 de minute și scurgeți-le. Scoateți tulpinile și tăiați capacele. Se încălzesc 30 ml/2 linguri ulei de măsline și se călesc ciupercile, carnea de porc, varza, lăstarii de bambus și castanele de apă timp de 3 minute. Scoatem din tigaie si lasam putin sa se raceasca, apoi adaugam in oua si asezonam cu sare si piper. Se încălzește puțin din uleiul rămas și se toarnă amestecul în tigaie puțin câte puțin până se formează clătite mici de aproximativ 3 centimetri în diametru. Se prăjește până când fundul se rumenește ușor, apoi se întoarce și se rumenește cealaltă parte. Continuați până când se folosește tot amestecul.

Ou de porc și creveți Foo Yung

pentru 4 persoane

45 ml/3 linguri ulei de arahide
100 g carne slabă de porc, tăiată fâșii
1 ceapa tocata
225 g creveți decojiți, tăiați în felii
50 g varză chinezească tocată
4 oua batute usor
sare si piper proaspat macinat

Se încălzește 30 ml/2 linguri de ulei și se prăjește carnea de porc și ceapa până se rumenesc ușor. Se adauga crevetii si se calesc pana se imbraca in ulei, apoi se adauga varza, se amesteca bine, se acopera si se fierbe 3 minute. Scoatem din tava si lasam sa se raceasca putin. Adăugați amestecul de carne în ouă și asezonați cu sare și piper. Se încălzește puțin din uleiul rămas și se toarnă amestecul în tigaie puțin câte puțin până se formează clătite mici de aproximativ 3 centimetri în diametru. Se prăjește până când fundul se rumenește ușor, apoi se întoarce și se rumenește cealaltă parte. Continuați până când se folosește tot amestecul.

orez alb

pentru 4 persoane

225 g / 8 oz / 1 cană de orez cu bob lung
15 ml/1 lingura de ulei
750 ml / 1 ¼ punct / 3 căni de apă

Spălați orezul și puneți-l într-o cratiță. Adăugați apa în ulei, apoi adăugați-o în tigaie, astfel încât să ajungă la aproximativ un centimetru deasupra orezului. Se aduce la fierbere, se acopera cu un capac ermetic, se reduce focul si se fierbe 20 de minute.

Orez brun fiert

pentru 4 persoane

225 g / 8 oz / 1 cană de orez brun cu bob lung

5 ml/1 lingurita sare

900 ml / 1 ½ punct / 3 ¾ cani de apă

Spălați orezul și puneți-l într-o cratiță. Adăugați sare și apă, astfel încât să fie la aproximativ 3 cm deasupra orezului. Se aduce la fierbere, se acopera cu un capac ermetic, se scade focul si se fierbe 30 de minute, avand grija sa nu se usuce.

carne si orez

pentru 4 persoane

225 g / 8 oz / 1 cană de orez cu bob lung

100 g/4 oz carne de vită (măcinată)

1 felie radacina de ghimbir, tocata

15 ml/1 lingura sos de soia

15 ml/1 lingură vin de orez sau sherry uscat

5 ml/1 lingurita ulei de arahide

2,5 ml/½ linguriță zahăr

2,5 ml/½ linguriță sare

Se pune orezul într-o oală mare și se aduce la fierbere. Acoperiți și gătiți aproximativ 10 minute până când cea mai mare parte a lichidului a fost absorbită. Se amestecă restul ingredientelor, se așează orezul deasupra, se acoperă și se fierbe încă 20 de minute la foc mic până se fierbe. Amestecați ingredientele înainte de servire.

Orez din ficat de pui

pentru 4 persoane

225 g / 8 oz / 1 cană de orez cu bob lung

375 ml supa de pui

sare

2 ficatei de pui fierti, taiati in felii subtiri

Puneti orezul si bulionul intr-o oala mare si aduceti la fiert. Acoperiți și gătiți aproximativ 10 minute până când orezul este aproape fraged. Scoateți capacul și continuați să gătiți până când cea mai mare parte a bulionului a fost absorbită. Asezonați cu sare, adăugați ficații de pui și încălziți-i ușor înainte de servire.

Orez cu pui si ciuperci

pentru 4 persoane

225 g / 8 oz / 1 cană de orez cu bob lung

100 g carne tocată de pui

100 g ciuperci, tăiate cubulețe

5 ml / 1 lingurita faina de porumb (amidon de porumb)

5 ml/1 lingurita sos de soia

5 ml/1 lingurita vin de orez sau sherry uscat

vârf de cuțit de sare

15 ml / 1 lingură arpagic tocat

15 ml/1 lingura sos de stridii

Se pune orezul într-o oală mare și se aduce la fierbere. Acoperiți și gătiți aproximativ 10 minute până când cea mai mare parte a lichidului a fost absorbită. Combinați toate ingredientele rămase, cu excepția șoței și sosul de stridii, aranjați orezul deasupra, acoperiți și gătiți încă 20 de minute până când este fiert. Combinați ingredientele și stropiți cu arpagic și sos de stridii înainte de servire.

Orez cu nucă de cocos

pentru 4 persoane

225 g / 8 oz / 1 cană orez aromat thailandez
1 l / primul punct / 4¼ cani lapte de cocos
150 ml/¼ pt/½ cană generoasă de cremă de cocos
1 crenguță de coriandru, tocat
vârf de cuțit de sare

Aduceți toate ingredientele la fiert într-o tigaie, acoperiți și lăsați orezul să se umfle la foc mic timp de aproximativ 25 de minute, amestecând din când în când.

Orez cu carne de crab

pentru 4 persoane

225 g / 8 oz / 1 cană de orez cu bob lung

100 g carne de crab, fulgi

2 felii de rădăcină de ghimbir, tocate

15 ml/1 lingura sos de soia

15 ml/1 lingură vin de orez sau sherry uscat

5 ml/1 lingurita ulei de arahide

5 ml / 1 lingurita faina de porumb (amidon de porumb)

sare si piper proaspat macinat

Se pune orezul într-o oală mare și se aduce la fierbere. Acoperiți și gătiți aproximativ 10 minute până când cea mai mare parte a lichidului a fost absorbită. Se amestecă restul ingredientelor, se așează orezul deasupra, se acoperă și se fierbe încă 20 de minute la foc mic până se fierbe. Amestecați ingredientele înainte de servire.

Orez Cu Mazare

pentru 4 persoane

225 g / 8 oz / 1 cană de orez cu bob lung

350 g de mazăre

30 ml/2 linguri sos de soia

Puneti orezul si bulionul intr-o oala mare si aduceti la fiert. Adăugați mazărea, acoperiți și gătiți aproximativ 20 de minute până când orezul este aproape fraged. Scoateți capacul și continuați să fierbeți până când cea mai mare parte a lichidului a fost absorbită. Se acopera si se lasa la foc 5 minute, apoi se serveste stropit cu sos de soia.

orez cu ardei

pentru 4 persoane

225 g / 8 oz / 1 cană de orez cu bob lung

2 ceai (cei), tocate

1 ardei rosu, taiat cubulete

45 ml/3 linguri sos de soia

30 ml/2 linguri ulei de arahide

5 ml/1 lingurita zahar

Pune orezul într-o tigaie, se acoperă cu apă rece, se aduce la fiert, se acoperă şi se fierbe aproximativ 20 de minute până se înmoaie. Scurge bine si adauga arpagicul, ardeiul, sosul de soia, uleiul si zaharul. Transferați într-un castron cald și serviți imediat.

orez cu ou poșat

pentru 4 persoane

225 g / 8 oz / 1 cană de orez cu bob lung

4 ouă

15 ml/1 lingura sos de stridii

Pune orezul intr-o craticioara, se acopera cu apa rece, se aduce la fiert, se acopera si se fierbe aproximativ 10 minute pana se inmoaie. Scurgeți și aranjați pe o farfurie caldă. Intre timp, aduceti o cratita cu apa la fiert, spargeti cu grija ouale si gatiti-le cateva minute pana cand albusurile s-au ingrosat, dar ouale sunt inca umede. Scoateți din tigaie cu o lingură cu șuruburi și puneți deasupra orezul. Se serveste stropita cu sos de stridii.

Orez din Singapore

pentru 4 persoane

225 g / 8 oz / 1 cană de orez cu bob lung

5 ml/1 lingurita sare

1,2 L/2 pt/5 căni de apă

Spălați orezul și puneți-l într-o tigaie cu sare și apă. Se aduce la fierbere, se reduce focul și se fierbe aproximativ 15 minute până când orezul este fraged. Se scurge intr-o strecuratoare si se clateste cu apa fierbinte inainte de servire.

Orez cu barcă lentă

pentru 4 persoane

225 g / 8 oz / 1 cană de orez cu bob lung

5 ml/1 lingurita sare

15 ml/1 lingura de ulei

750 ml / 1 ¼ punct / 3 căni de apă

Spălați orezul și puneți-l într-o tavă de copt cu sare, ulei și apă. Acoperiți și gătiți în cuptorul preîncălzit la 120°C / 250°F / ½ gaz timp de aproximativ 1 oră până când toată apa a fost absorbită.

orez fiert

pentru 4 persoane

225 g / 8 oz / 1 cană de orez cu bob lung

5 ml/1 lingurita sare

450 ml / ¾ pt / 2 căni de apă

Puneți orezul, sarea și apa într-o tavă de copt, acoperiți și gătiți în cuptorul preîncălzit la 180°C/350°F/marcă de gaz 4 timp de aproximativ 30 de minute.

Orez prăjit

pentru 4 persoane

225 g / 8 oz / 1 cană de orez cu bob lung

750 ml / 1 ¼ punct / 3 căni de apă

30 ml/2 linguri ulei de arahide

1 ou bătut

2 catei de usturoi, macinati

vârf de cuțit de sare

1 ceapa, tocata marunt

3 eșalote (opaci), tocate

2,5 ml / ½ linguriță melasă neagră

Punem orezul si apa intr-o tigaie, aducem la fiert, acoperim si gatim aproximativ 20 de minute pana orezul este fiert. Se usucă bine. Se încălzesc 5 ml/1 linguriță de ulei şi se toarnă oul. Gătiți până se întăreşte pe fund, apoi întoarceți şi continuați să gătiți până când se întăreşte. Scoateți din tavă şi tăiați fâșii. Adăugați uleiul de măsline rămas în tigaia cu usturoiul și sare şi căliți până usturoiul se rumeneşte uşor. Adăugați ceapa şi orezul şi căliți timp de 2 minute. Adaugati salota si rumeniti-le 2 minute. Se adaugă melasa până când orezul este acoperit, apoi se adaugă fâșiile de ou şi se servesc.

Orez Prajit Cu Migdale

pentru 4 persoane

250 ml / 8 fl oz / 1 cană ulei de arahide

50 g / 2 oz / ½ cană fulgi de migdale

4 oua batute

450 g / 1 lb / 3 căni de orez cu bob lung gătit

5 ml/1 lingurita sare

3 felii de sunca fiarta, taiate fasii

2 salote, tocate marunt

15 ml/1 lingura sos de soia

Încinge uleiul și prăjește migdalele până se rumenesc. Scoatem din tava si scurgem pe hartie absorbanta. Se toarnă cea mai mare parte din uleiul din tigaie, apoi se încălzește și se toarnă ouăle, amestecând continuu. Adăugați orezul și sarea și gătiți timp de 5 minute, ridicând și amestecând rapid, astfel încât boabele de orez să fie acoperite în ou. Adaugati sunca, ceapa si sosul de soia si gatiti inca 2 minute. Adăugați majoritatea migdalelor și serviți, decorând cu migdalele rămase.

Orez prajit cu bacon si oua

pentru 4 persoane
45 ml/3 linguri ulei de arahide
225 g bacon tocat
1 ceapa, tocata marunt
3 oua batute
225 g orez cu bob lung gătit

Se incinge uleiul si se prajeste baconul si ceapa pana se rumenesc usor. Adăugați ouăle și prăjiți până când ouăle sunt aproape fierte. Se adauga orezul si se caleste pana cand orezul este fierbinte.

Orez prajit cu carne

pentru 4 persoane

225 g carne slabă de vită, tăiată fâșii
15 ml / 1 lingură făină de porumb (amidon de porumb)
15 ml/1 lingura sos de soia
15 ml/1 lingură vin de orez sau sherry uscat
5 ml/1 lingurita zahar
75 ml/5 linguri ulei de arahide

1 ceapa tocata

450 g / 1 lb / 3 căni de orez cu bob lung gătit

45 ml/3 linguri supă de pui

Amestecați carnea cu mălai, sos de soia, vin sau sherry și zahăr. Se încălzește jumătate din ulei și se prăjește ceapa până devine transparentă. Se adauga carnea si se rumeneste 2 minute. Scoateți din tigaie. Se încălzește uleiul rămas, se adaugă orezul și se prăjește timp de 2 minute. Adăugați bulionul și încălziți. Adăugați jumătate din amestecul de carne și ceapă și amestecați până se încinge, apoi transferați pe o farfurie caldă și acoperiți cu carnea și ceapa rămase.

Orez prajit cu carne tocata

pentru 4 persoane

30 ml/2 linguri ulei de arahide

1 cățel de usturoi, zdrobit

vârf de cuțit de sare

30 ml/2 linguri sos de soia

30 ml/2 linguri sos hoisin

450g/1lb carne de vită (măcinată)
1 ceapa tocata
1 morcov, tăiat cubulețe
1 praz, taiat cubulete
450 g/1 lb orez cu bob lung gătit

Încinge uleiul și călește usturoiul și sarea până devin ușor aurii. Adaugati sosurile de soia si hoisin si amestecati pana sunt bine fierte. Adăugați carnea și prăjiți până devine auriu și crocant. Se adauga legumele si se prajesc pana se inmoaie, amestecand continuu. Se adaugă orezul și se prăjește, amestecând constant, până se încălzește bine și se îmbracă cu sosurile.

Orez prajit cu carne si ceapa

pentru 4 persoane
450g/1lb carne de vită slabă, tăiată în felii subțiri
45 ml/3 linguri sos de soia
15 ml/1 lingură vin de orez sau sherry uscat

sare si piper proaspat macinat

15 ml / 1 lingură făină de porumb (amidon de porumb)

45 ml/3 linguri ulei de arahide

1 ceapa tocata

225 g orez cu bob lung gătit

Marinați carnea în sos de soia, vin sau sherry, sare, piper și mălai timp de 15 minute. Se incinge uleiul si se caleste ceapa pana devine usor aurie. Se adauga carnea si marinata si se rumenesc timp de 3 minute. Adăugați orezul și prăjiți până se încălzește.

Orez prajit cu pui

pentru 4 persoane

225 g / 8 oz / 1 cană de orez cu bob lung

750 ml / 1 ¼ punct / 3 căni de apă

30 ml/2 linguri ulei de arahide

2 catei de usturoi, macinati

vârf de cuțit de sare

1 ceapa, tocata marunt

3 eșalote (opaci), tocate

100 g pui fiert, tocat

15 ml/1 lingura sos de soia

Punem orezul si apa intr-o tigaie, aducem la fiert, acoperim si gatim aproximativ 20 de minute pana orezul este fiert. Se usucă bine. Se incinge uleiul si se caleste usturoiul si sarea pana se rumeneste usor. Adăugați ceapa și căleți timp de 1 minut. Adăugați orezul și prăjiți timp de 2 minute. Se adaugă șalota și puiul și se călesc timp de 2 minute. Adăugați sosul de soia până când orezul este acoperit.

orez prajit de rață

pentru 4 persoane

4 ciuperci chinezești uscate

45 ml/3 linguri ulei de arahide

2 ceai (cei), feliați
1 cană (225 g) bok choy tocat
100 g rață fiartă, tocată
45 ml/3 linguri sos de soia
15 ml/1 lingură vin de orez sau sherry uscat
350 g orez cu bob lung fiert
45 ml/3 linguri supă de pui

Înmuiați ciupercile în apă caldă timp de 30 de minute și scurgeți-le. Scoateți tulpinile și tăiați capacele. Se încălzește jumătate din ulei și se prăjește șalota până devine translucida. Adăugați bok choy și prăjiți timp de 1 minut. Adăugați rața, sosul de soia și vinul sau sherry și prăjiți timp de 3 minute. Scoateți din tigaie. Încinge uleiul rămas și prăjește orezul până când este acoperit cu ulei. Se adauga bulionul, se aduce la fiert si se caleste 2 minute. Întoarceți amestecul de rață în tigaie și amestecați până se încălzește înainte de servire.

Orez cu sunca

pentru 4 persoane
30 ml/2 linguri ulei de arahide
1 ou bătut

1 cățel de usturoi, zdrobit

350 g orez cu bob lung fiert

1 ceapa, tocata marunt

1 ardei verde tocat

100 g sunca tocata

50 g castane de apă, feliate

50 g muguri de bambus tocati

15 ml/1 lingura sos de soia

15 ml/1 lingură vin de orez sau sherry uscat

15 ml/1 lingura sos de stridii

Se încălzește puțin ulei într-o tigaie și se adaugă oul, înclinând tigaia astfel încât să se întindă în toată tigaia. Gatiti pana cand fundul se rumeneste usor, apoi intoarceti si gatiti cealalta parte. Scoateți din tigaie, tocați și prăjiți usturoiul până se rumenește ușor. Se adaugă orezul, ceapa și ardeiul și se călesc timp de 3 minute. Adăugați șunca, castanele de apă și lăstarii de bambus și căliți timp de 5 minute. Adăugați celelalte ingrediente și prăjiți aproximativ 4 minute. Se serveste presarata cu fasii de oua.

Supă De Orez Cu șuncă

pentru 4 persoane

30 ml/2 linguri ulei de arahide
3 oua batute
350 g orez cu bob lung fiert
600 ml/1 pct/2½ căni supă de pui
100 g sunca afumata tocata
100 g muguri de bambus, feliați

Se încălzește uleiul și se toarnă ouăle. Când încep să se solidifice, adăugați orezul și prăjiți timp de 2 minute. Adăugați bulionul și șunca și aduceți la fiert. Gatiti 2 minute, adaugati lastarii de bambus si serviti.

carne de porc cu orez prajit

pentru 4 persoane

45 ml/3 linguri ulei de arahide

3 eșalote (opaci), tocate

100 g friptură de porc tăiată cubulețe

350 g orez cu bob lung fiert

30 ml/2 linguri sos de soia

2,5 ml/½ linguriță sare

2 oua batute

Se incinge uleiul si se caleste arpagicul pana devine transparent. Adăugați carnea de porc și amestecați până se îmbracă cu ulei. Adăugați orezul, sosul de soia și sarea și prăjiți timp de 3 minute. Adăugați ouăle și bateți până încep să se întărească.

Orez prajit cu creveti si carne de porc

pentru 4 persoane

45 ml/3 linguri ulei de arahide

2,5 ml/½ linguriță sare

2 ceai (cei), tocate

350 g orez cu bob lung fiert

100 g carne de porc fiartă

225 g de creveți decojiți

50 g/2 oz frunze chinezești mărunțite

45 ml/3 linguri sos de soia

Se încălzește uleiul și se prăjește sarea și arpagicul până se rumenesc ușor. Adăugați orezul și rumeniți-l pentru a rupe boabele. Se adauga carnea de porc si se caleste 2 minute. Adăugați creveții, frunzele de porțelan și sosul de soia și prăjiți până când sunt fierte.

Orez prajit cu creveti

pentru 4 persoane

225 g / 8 oz / 1 cană de orez cu bob lung
750 ml / 1 ¼ punct / 3 căni de apă
30 ml/2 linguri ulei de arahide
2 catei de usturoi, macinati
vârf de cuțit de sare
1 ceapa, tocata marunt
225 g de creveți decojiți
5 ml/1 lingurita sos de soia

Punem orezul si apa intr-o tigaie, aducem la fiert, acoperim si gatim aproximativ 20 de minute pana orezul este fiert. Se usucă bine. Se incinge uleiul de masline cu usturoiul si sarea si se caleste pana se rumeneste usor usturoiul. Adăugați orezul și ceapa și căliți timp de 2 minute. Adăugați creveții și rumeniți-i timp de 2 minute. Adăugați sos de soia înainte de servire.

Orez prajit si mazare

pentru 4 persoane

30 ml/2 linguri ulei de arahide

2 catei de usturoi, macinati

5 ml/1 lingurita sare

350 g orez cu bob lung fiert

225 g mazăre albă sau congelată, decongelată

4 eșalote (opate), tocate mărunt

30 ml/2 linguri patrunjel proaspat tocat

Încinge uleiul și călește usturoiul și sarea până devin ușor aurii. Adăugați orezul și prăjiți timp de 2 minute. Se adauga mazarea, ceapa si patrunjelul si se calesc cateva minute pana sunt bine fierte. Serviți cald sau rece.

Orez prajit cu somon

pentru 4 persoane

30 ml/2 linguri ulei de arahide

2 catei de usturoi, tocati

2 ceai (cei), feliați

50 g somon tocat

75 g spanac tocat

150 g orez cu bob lung fiert

Încinge uleiul și călește usturoiul și arpagicul timp de 30 de secunde. Adăugați somonul și prăjiți timp de 1 minut. Se adauga spanacul si se caleste 1 minut. Se adauga orezul si se caleste pana se fierbe si se omogenizeaza bine.

Orez prajit special

pentru 4 persoane

60 ml/4 linguri ulei de arahide

1 ceapa, tocata marunt

100 g bacon tocat

50 g sunca tocata

50 g pui fiert, tocat

50 g de creveți curățați

60 ml/4 linguri sos de soia

30 ml/2 linguri vin de orez sau sherry uscat

sare si piper proaspat macinat

15 ml / 1 lingură făină de porumb (amidon de porumb)

225 g orez cu bob lung gătit

2 oua batute

100 g ciuperci, feliate

50 g de mazăre congelată

Se incinge uleiul si se caleste ceapa si baconul pana se rumenesc usor. Adăugați șunca și puiul și rumeniți timp de 2 minute. Adăugați creveții, sosul de soia, vinul sau sherry, sare, piper și făina de porumb și căleți timp de 2 minute. Adăugați orezul și prăjiți timp de 2 minute. Se adauga ouale, ciupercile si mazarea si se calesc 2 minute pana se fierb.

Zece feluri de mâncare prețioase cu orez

Pentru 6-8 persoane

45 ml/3 linguri ulei de arahide

1 şalotă, tocată

100 g carne slabă de porc, tocată

1 piept de pui, tocat

100 g sunca tocata

30 ml/2 linguri sos de soia

30 ml/2 linguri vin de orez sau sherry uscat

5 ml/1 lingurita sare

350 g orez cu bob lung fiert

250 ml / 8 fl oz / 1 cană bulion de pui

100 g muguri de bambus, tăiați în fâșii

50 g castane de apă, feliate

Se incinge uleiul si se caleste ceapa primavara pana devine translucida. Se adauga carnea de porc si se caleste 2 minute. Adăugați puiul și șunca și căliți timp de 2 minute. Adăugați sosul de soia, sherry și sarea. Adăugați orezul și bulionul și aduceți la fiert. Adăugați lăstarii de bambus și castanele de apă, acoperiți și gătiți timp de 30 de minute.

orez cu ton prajit

pentru 4 persoane

30 ml/2 linguri ulei de arahide

2 cepe, feliate

1 ardei verde tocat

450 g / 1 lb / 3 căni de orez cu bob lung gătit

sare

3 oua batute

300 g fulgi de ton la conserva

30 ml/2 linguri sos de soia

2 salote, tocate marunt

Încinge uleiul și prăjește ceapa până se înmoaie. Adăugați ardeiul și prăjiți timp de 1 minut. Împingeți într-o parte a tigaii. Adăugați orezul, sărați și rumeniți-l timp de 2 minute, încorporând treptat ardeiul și ceapa. Faceți o groapă în centrul orezului, mai turnați puțin ulei și adăugați ouăle. Se amestecă până aproape se amestecă și se adaugă la orez. Gatiti inca 3 minute. Adăugați tonul și sosul de soia și încălziți. Se serveste presarat cu arpagic tocat.

tagliatelle cu ou fiert

pentru 4 persoane

10 ml / 2 lingurițe sare

450 g paste cu ou

30 ml/2 linguri ulei de arahide

Aduceți o oală cu apă la fiert, adăugați sare și aruncați pastele. Aduceți din nou la fierbere și fierbeți timp de aproximativ 10 minute până când sunt fragezi, dar încă fermi. Scurge-le bine, clătește-le cu apă rece, scurge-le și apoi clătește-le cu apă caldă. Stropiți cu ulei de măsline înainte de servire.

Fidea cu ou la abur

pentru 4 persoane

10 ml / 2 lingurițe sare

450 g/1 lb tăiței cu ou fin

Aduceți o oală cu apă la fiert, adăugați sare și aruncați pastele. Se amestecă bine și apoi se scurge. Puneți tăițeii într-o strecurătoare, puneți într-un cuptor cu abur și fierbeți peste apă clocotită aproximativ 20 de minute până se înmoaie.

taitei sotati

pentru 8 persoane
10 ml / 2 lingurițe sare
450 g paste cu ou
30 ml/2 linguri ulei de arahide
preparat prajit

Aduceți o oală cu apă la fiert, adăugați sare și aruncați pastele. Aduceți din nou la fierbere și fierbeți timp de aproximativ 10 minute până când sunt fragezi, dar încă fermi. Scurge-le bine, clătește-le cu apă rece, scurge-le și apoi clătește-le cu apă caldă. Stropiți cu ulei, apoi condimentați delicat cu orice amestec prăjit și încălziți ușor pentru a se amesteca aromele.

Taitei prajiti

pentru 4 persoane
225 g paste cu ou foarte fine
sare

Prăjiți ulei

Fierbe pastele în apă clocotită cu sare urmând instrucțiunile de pe ambalaj. Se usucă bine. Aranjați mai multe straturi de hârtie de bucătărie pe o tavă de copt, întindeți tagliatellele și lăsați-le să se usuce câteva ore. Încinge uleiul și prăjește tagliatelle, câte linguri, aproximativ 30 de secunde până se rumenesc. Scurgeți pe hârtie absorbantă.

Taitei moi prajiti

pentru 4 persoane
350 g/12 oz aluat de ouă
75 ml/5 linguri ulei de arahide

sare

Aduceți o oală cu apă la fiert, adăugați tăițeii și fierbeți până când tăițeii sunt fragezi. Scurgeți și clătiți cu apă rece, apoi cu apă fierbinte și scurgeți din nou. Adăugați 15 ml/1 lingură de ulei și lăsați să se răcească și păstrați la frigider. Încălziți uleiul rămas aproape până la punctul de afumare. Adăugați tagliatelle și amestecați ușor până când sunt acoperite cu ulei. Se micșorează focul și se amestecă în continuare câteva minute până când tagliatellele sunt aurii la exterior, dar moi la interior.

paste fierte

pentru 4 persoane

450 g paste cu ou

5 ml/1 lingurita sare

30 ml/2 linguri ulei de arahide

3 eșalote, tăiate fâșii

1 cățel de usturoi, zdrobit

2 felii de rădăcină de ghimbir, tocate

100 g carne slabă de porc, tăiată fâșii

100 g de sunca taiata fasii

100 g de creveți decojiți

450 ml / ¬œ es / 2 căni supă de pui

30 ml/2 linguri sos de soia

Aduceți o oală cu apă la fiert, adăugați sare și aruncați pastele. Se aduce la fierbere și se fierbe aproximativ 5 minute, apoi se scurge și se clătește cu apă rece.

Între timp, încălziți uleiul și căliți ceapa, usturoiul și ghimbirul până devin ușor aurii. Adăugați carnea de porc și prăjiți până se rumenește ușor. Adaugati sunca si crevetii si adaugati bulionul, sosul de soia si taiteii. Se aduce la fierbere, se acopera si se fierbe 10 minute.

taitei reci

pentru 4 persoane

450 g paste cu ou

5 ml/1 lingurita sare

15 ml/1 lingură ulei de arahide

225 g muguri de fasole

225g friptură de porc, tocată

1 castravete, tăiat fâșii

12 ridichi tăiate fâșii

Aduceți o oală cu apă la fiert, adăugați sare și aruncați pastele. Aduceți din nou la fierbere și fierbeți timp de aproximativ 10 minute până când sunt fragezi, dar încă fermi. Se scurge bine, se clătește cu apă rece și se scurge din nou. Stropiți cu ulei de măsline și puneți pe o farfurie. Aranjați ingredientele rămase pe farfurii mici în jurul tăițeilor. Oaspeții servesc o selecție de ingrediente în boluri mici.

Coșuri de paste

pentru 4 persoane

225 g paste cu ou foarte fine

sare

Prăjiți ulei

Fierbe pastele în apă clocotită cu sare urmând instrucțiunile de pe ambalaj. Se usucă bine. Aranjați mai multe straturi de hârtie de bucătărie pe o tavă de copt, întindeți tagliatellele și lăsați-le să se usuce câteva ore. Ungeți interiorul unei strecurătoare de dimensiuni medii cu un strop de ulei de măsline. Întindeți un strat uniform de tăiței de aproximativ 1 cm/¬Ω în strecurătoare. Ungeți exteriorul unei strecurătoare mai mici cu ulei și apăsați-o ușor în cea mai mare. Se încălzește uleiul, se scufundă ambele site în ulei și se prăjesc aproximativ 1 minut până când tăițeii devin maro auriu. Scoateți cu grijă strecurătoarele, dacă este necesar treceți cu un cuțit pe marginile tăițeilor pentru a le slăbi.

clătită cu macaroane

pentru 4 persoane

225 g paste cu ou

5 ml/1 lingurita sare

75 ml/5 linguri ulei de arahide

Aduceți o oală cu apă la fiert, adăugați sare și aruncați pastele. Aduceți din nou la fierbere și fierbeți timp de aproximativ 10 minute până când sunt fragezi, dar încă fermi. Scurge-le bine, clătește-le cu apă rece, scurge-le și apoi clătește-le cu apă caldă. Stropiți cu 15 ml/1 lingură ulei. Încinge uleiul rămas. Adăugați tăițeii în tigaie pentru a face o clătită groasă. Se prăjește până când fundul se rumenește ușor, apoi se răstoarnă și se prăjește până se rumenește ușor, dar moale în centru.

tăiței fierți

pentru 4 persoane

4 ciuperci chinezești uscate

450 g paste cu ou

30 ml/2 linguri ulei de arahide

5 ml/1 lingurita sare

3 eșalote (opaci), tocate

100 g carne slabă de porc, tăiată fâșii

100 g buchete de conopidă

15 ml / 1 lingură făină de porumb (amidon de porumb)

250 ml / 8 fl oz / 1 cană bulion de pui

15 ml/1 lingura ulei de susan

Înmuiați ciupercile în apă caldă timp de 30 de minute și scurgeți-le. Scoateți tulpinile și tăiați capacele. Aduceți o cratiță cu apă la fiert, adăugați pastele și fierbeți 5 minute, apoi scurgeți. Încinge uleiul și călește sarea și arpagicul timp de 30 de secunde. Adăugați carnea de porc și prăjiți până se rumenește ușor. Se adauga conopida si ciupercile și se calesc 3 minute. Se amestecă amidonul de porumb și bulionul, se adaugă în tigaie, se aduce la fierbere, se acoperă și se fierbe timp de 10 minute, amestecând din când în când. Se incinge uleiul de susan intr-o tigaie separata, se adauga taiteii si se amesteca usor la foc mediu pana se rumenesc usor. Transferați pe o farfurie caldă,

spaghete cu carne de vită

pentru 4 persoane

350 g/12 oz aluat de ouă

45 ml/3 linguri ulei de arahide

450g/1lb carne de vită (măcinată)

sare si piper proaspat macinat

1 cățel de usturoi, zdrobit

1 ceapa, tocata marunt

250 ml / 8 fl oz / 1 cană bulion de vită

100 g ciuperci, feliate

2 batoane de telina, tocate

1 ardei verde tocat

30 ml / 2 linguri faina de porumb (amidon de porumb)

60 ml/4 linguri de apă

15 ml/1 lingura sos de soia

Fierbe pastele în apă clocotită timp de aproximativ 8 minute până se înmoaie, apoi se scurg. Intre timp, incingeti uleiul de masline si caliti carnea, sarea, piperul, usturoiul si ceapa pana se rumenesc usor. Adăugați bulionul, ciupercile, țelina și ardeiul, aduceți la fiert, acoperiți și gătiți timp de 5 minute. Amestecați amidonul de porumb, apa și sosul de soia pentru a forma o pastă, adăugați în tigaie și gătiți, amestecând, până când sosul se îngroașă. Puneți tagliatellele pe o farfurie caldă și turnați peste ele carnea și sosul.

Pui cu tăiței

pentru 4 persoane

350 g/12 oz aluat de ouă

100 g de muguri de soia

45 ml/3 linguri ulei de arahide

2,5 ml/¬Ω linguriță de sare

2 catei de usturoi, tocati

2 ceai (cei), tocate

100 g pui fiert, taiat cubulete

5 ml/1 lingurita ulei de susan

Se fierbe o oală cu apă, se adaugă pastele și se fierb până se înmoaie. Se albesc mugurii de fasole în apă clocotită timp de 3 minute, apoi se scurg. Încinge uleiul și călește sarea, usturoiul și arpagicul până devin aurii. Se adauga puiul si se caleste pana se incalzeste. Adăugați mugurii de fasole și încălziți. Scurgeți bine pastele, spălați-le cu apă rece și apoi cu apă fierbinte. Stropiți cu ulei de susan și puneți pe o farfurie caldă. Acoperiți cu amestec de pui și serviți.

Tagliatelle cu carne de crab

pentru 4 persoane

350 g/12 oz aluat de ouă

45 ml/3 linguri ulei de arahide

3 eșalote (opaci), tocate

2 felii de rădăcină de ghimbir, tăiate fâșii

350 g carne de crab, fulgi

5 ml/1 lingurita sare

15 ml/1 lingură vin de orez sau sherry uscat

15 ml / 1 lingură făină de porumb (amidon de porumb)

30 ml/2 linguri de apă

30 ml/2 linguri otet de vin

Se fierbe o cratita cu apa, se adauga pastele si se fierb 10 minute pana se inmoaie. Între timp, încălziți 30 ml/2 linguri de ulei și prăjiți eșalota și ghimbirul până se rumenesc ușor. Adăugați carnea de crab și sare, prăjiți timp de 2 minute. Adăugați vin sau sherry și prăjiți timp de 1 minut. Amestecați amidonul de porumb și apa pentru a forma o pastă, adăugați-o în tigaie și gătiți, amestecând, până se îngroașă. Scurge pastele si spala-le in apa rece si apoi in apa fierbinte. Stropiți cu ulei de măsline rămas și puneți pe o farfurie caldă. Acoperiți cu amestecul de carne de crab și serviți stropit cu oțet de vin.

Paste în sos de curry

pentru 4 persoane

450 g paste cu ou

5 ml/1 lingurita sare

30 ml / 2 linguri praf de curry

1 ceapă, feliată

75 ml/5 linguri supa de pui

100 g friptură de porc trasă

120 ml / 4 fl oz / ¬Ω cană sos de roșii (ketchup)

15 ml/1 lingură sos hoisin

sare si piper proaspat macinat

Aduceți o oală cu apă la fiert, adăugați sare și aruncați pastele. Aduceți din nou la fierbere și fierbeți timp de aproximativ 10 minute până când sunt fragezi, dar încă fermi. Scurge-le bine, clătește-le cu apă rece, scurge-le și apoi clătește-le cu apă caldă. Între timp, gătiți praful de curry într-o tigaie uscată timp de 2 minute, scuturând tigaia. Adăugați ceapa și amestecați până se îmbracă bine. Adăugați bulionul, apoi adăugați carnea de porc și aduceți la fiert. Adăugați ketchup-ul, sosul hoisin, sare și piper și gătiți, amestecând, până se încălzește. Aranjați pastele pe o farfurie caldă, turnați sosul peste ele și serviți.

fidea Dan-Dan

pentru 4 persoane

100 g paste cu ou

45 ml / 3 linguri muștar

60 ml / 4 linguri sos de susan

60 ml/4 linguri ulei de arahide

20 ml / 4 lingurițe sare

4 eșalote (opaci), tocate

60 ml/4 linguri sos de soia

60 ml/4 linguri alune măcinate

60 ml/4 linguri supă de pui

Fierbe pastele în apă clocotită aproximativ 10 minute până se înmoaie, apoi se scurg bine. Se amestecă celelalte ingrediente, se toarnă peste pastele și se amestecă bine înainte de servire.

Tagliatelle cu sos de ouă

pentru 4 persoane

225 g paste cu ou
750 ml / punctul 1 / 3 căni supă de pui
45 ml/3 linguri sos de soia
45 ml/3 linguri vin de orez sau sherry uscat
15 ml/1 lingură ulei de arahide
3 eșalote, tăiate fâșii
3 ouă batute

Aduceți o cratiță cu apă la fiert, adăugați pastele, aduceți din nou la fiert și fierbeți timp de 10 minute până se înmoaie. Scurgeți și aranjați pe o farfurie caldă. Intre timp se fierbe bulionul cu sosul de soia si vinul sau sherry. Într-o tigaie separată, încălziți uleiul și prăjiți ceapa primăvară până se înmoaie. Adăugați ouăle, apoi adăugați bulionul fierbinte și continuați să amestecați la foc mediu până când amestecul ajunge la fierbere. Se toarnă sosul peste paste și se servește.

Tagliatelle cu ghimbir și arpagic

pentru 4 persoane

900 ml / 1¬Ω puncte / 4¬° căni supa de pui

15 ml/1 lingură ulei de arahide

225 g paste cu ou

2,5 ml/¬Ω lingurita ulei de susan

4 eșalote (opaci), tocate

2 felii de rădăcină de ghimbir, tocate

15 ml/1 lingura sos de stridii

Aduceți bulionul la fiert, adăugați uleiul și pastele și gătiți, neacoperit, aproximativ 15 minute până se înmoaie. Transferați tăițeii într-un platou de servire cald și adăugați uleiul de susan, ceaiul verde și ghimbirul în wok. Gatiti, neacoperit, timp de 5 minute pana cand legumele sunt putin moi si bulionul s-a redus. Peste tagliatelle se intinde legumele cu putin bulion. Stropiți cu sos de stridii și serviți imediat.

Taitei picanti si acri

pentru 4 persoane

225 g paste cu ou

15 ml/1 lingura sos de soia

15 ml/1 lingura ulei de ardei iute

15 ml/1 lingura otet de vin rosu

1 căţel de usturoi, zdrobit

2 ceai (cei), tocate

5 ml/1 lingurita piper proaspat macinat

Gatiti tagliatellele in apa clocotita aproximativ 10 minute pana se inmoaie. Se scurge bine şi se transferă pe o farfurie caldă. Se amestecă celelalte ingrediente, se toarnă peste pastele şi se amestecă bine înainte de servire.

Tagliatelle cu ragu

pentru 4 persoane

4 ciuperci chinezești uscate

30 ml/2 linguri ulei de arahide

225 g carne slabă de porc, feliată

100 g ciuperci, feliate

4 ceai (cei), feliați

15 ml/1 lingura sos de soia

15 ml/1 lingură vin de orez sau sherry uscat

600 ml / 1 pt / 2¬Ω cesti supa de pui

350 g/12 oz aluat de ouă

30 ml / 2 linguri faina de porumb (amidon de porumb)

2 oua batute usor

sare si piper proaspat macinat

Înmuiați ciupercile în apă caldă timp de 30 de minute și scurgeți-le. Scoateți tulpinile și tăiați capacele. Încinge uleiul și prăjește carnea de porc până se rumenește ușor. Adaugati ciupercile uscate si proaspete si salota si caliti 2 minute. Adăugați sosul de soia, vinul sau sherry și bulionul, aduceți la fierbere, acoperiți și fierbeți timp de 30 de minute.

Între timp, aduceți o cratiță cu apă la fiert, adăugați tagliatellele și fierbeți aproximativ 10 minute până când tagliatellele sunt moi, dar încă ferme. Scurge-le, clătește-le cu apă rece și apoi fierbinte, scurge-le din nou și pune-le pe o farfurie caldă. Dizolvați amidonul de porumb în puțină apă, turnați-l în tigaie și gătiți, amestecând, până când sosul devine ușor și gros. Se adauga ouale putin cate putin si se condimenteaza cu sare si piper. Se toarnă sosul peste paste și se servește.

Paste cu ouă poșate

pentru 4 persoane

350 g/12 oz tăiței de orez

4 ouă

30 ml/2 linguri ulei de arahide

1 catel de usturoi, tocat

100 g sunca fiarta, tocata grosier

45 ml / 3 linguri sos de rosii √©e (paste)

120 ml / 4 fl oz / ¬Ω cană de apă

5 ml/1 lingurita zahar

5 ml/1 lingurita sare

sos de soia

Aduceți o cratiță cu apă la fiert, adăugați pastele și gătiți aproximativ 8 minute până când sunt fierte. Se scurge si se spala in apa rece. Aranjați-le într-un cuib pe o farfurie caldă. Între timp, pozați ouăle și puneți câte unul în fiecare cuib. Încinge uleiul și prăjește usturoiul timp de 30 de secunde. Se adaugă șunca și se rumenește timp de 1 minut. Adăugați toate ingredientele rămase, cu excepția sosului de soia și prăjiți până când sunt bine fierte. Se toarnă peste ouă, se stropește cu sos de soia și se servește imediat.

Paste cu carne de porc si legume

pentru 4 persoane

350 g/12 oz tăiței de orez

75 ml/5 linguri ulei de arahide

225 g carne slabă de porc, tocată

100 g/4 oz muguri de bambus mărunțiți

100 g varză chinezească tocată

450 ml / ¬œ es / 2 căni supă de pui

10 ml / 2 lingurițe de făină de porumb (amidon de porumb)

45 ml/3 linguri de apă

Albiți tagliatellele timp de aproximativ 6 minute până când sunt fierte, dar încă tari, apoi scurgeți-le. Încinge 45 ml/3 linguri ulei și prăjește carnea de porc timp de 2 minute. Adăugați lăstarii de bambus și varza și prăjiți timp de 1 minut. Adăugați bulionul, aduceți la fiert, acoperiți și gătiți timp de 4 minute. Se amestecă amidonul de porumb și apa, se adaugă în tigaie și se fierbe, amestecând, până se îngroașă sosul. Încinge uleiul rămas și prăjește tăițeii până se rumenesc ușor. Transferați pe un platou cald, acoperiți cu amestec de porc și serviți.

Taitei transparenti cu carne de porc tocata

pentru 4 persoane

200 g spaghete transparente

Prăjiți ulei

75 ml/5 linguri ulei de arahide

225 g/8 oz carne de porc măcinată (măcinată)

Pastă de ardei iute 25 g/1 oz

2 ceai (cei), tocate

1 catel de usturoi, tocat

1 felie radacina de ghimbir, tocata

5 ml/1 linguriță pudră de chilli

250 ml / 8 fl oz / 1 cană bulion de pui

30 ml/2 linguri vin de orez sau sherry uscat

30 ml/2 linguri sos de soia

sare

Se încălzește uleiul la fierbere și se prăjesc tăițeii până se extind. Scoateți și scurgeți. Se încălzește 75 ml/5 linguri de ulei și se prăjește carnea de porc până se rumenește. Adăugați pasta de fasole, eșalota, usturoiul, ghimbirul și pudra de ardei iute și căleți timp de 2 minute. Adăugați bulionul, vinul sau sherry, sosul de soia și pastele și gătiți până se îngroașă sosul. Asezonați după gust cu sare înainte de servire.

coji de rulou de ouă

pentru 12

225 g / 8 oz / 2 căni de făină universală (universal)

1 ou bătut

2,5 ml/¬Ω linguriță de sare

120 ml / 4 fl oz / ¬Ω cană de apă cu gheață

Combinați toate ingredientele și frământați până obțineți un amestec neted și elastic. Acoperiți cu o cârpă umedă și lăsați să se răcească timp de 30 de minute. Se intinde pe o tabla de patiserie infainata pana se obtine o foaie subtire de aluat si apoi se taie patrate.

Coji de rulada de ou fiert

pentru 12

175 g / 6 oz / 1½ cani de făină universală (universal)

2,5 ml/½ linguriță de sare

2 oua batute

375 ml / 13 fl oz / 1½ cani de apă

Se amestecă făina și sarea și se adaugă ouăle. Adăugați treptat apă până obțineți un aluat moale. Ungeți ușor o formă mică, turnați 30 ml/2 linguri de amestec și înclinați forma pentru a o distribui uniform pe suprafață. Când aluatul se micșorează de pe părțile laterale ale cratiței, scoateți-l și acoperiți-l cu o cârpă umedă în timp ce gătiți cojile rămase.

clătite chinezești

pentru 4 persoane

250 ml / 8 fl oz / 1 cană apă
225 g / 8 oz / 2 căni de făină universală (universal)
ulei de arahide (arahide) pentru prajit

Fierbe apa si adauga treptat faina. Frământați ușor până obțineți un aluat neted, acoperiți-l cu o cârpă umedă și lăsați-l să se odihnească 15 minute. Întindeți-o pe o placă de patiserie cu făină și modelați-o într-un cilindru lung. Tăiați în felii de 2,5 cm/1 cm, apoi aplatizați până la o grosime de aproximativ 5 mm/¬ și ungeți suprafața cu ulei. Stivuiți în perechi, atingând suprafețele unse cu ulei și înfăinați ușor exteriorul. Întindeți perechile la aproximativ 4 inci în diametru și gătiți în perechi timp de aproximativ 1 minut pe fiecare parte până se rumenesc ușor. Sortați și stivuiți până când sunt gata de servire.

piei wonton

Au trecut vreo 40

450 g / 1 lb / 2 căni de făină universală (universal)

5 ml/1 lingurita sare

1 ou bătut

45 ml/3 linguri de apă

Cerneți făina și sarea și faceți un godeu în centru. Adaugam oul, adaugam apa si amestecam pana obtinem un amestec omogen. Așezați-l într-un bol, acoperiți-l cu o cârpă umedă și lăsați-l să se răcească timp de 1 oră.

Deschidem aluatul pe o tabla de patiserie infainata pana devine subtire si omogen. Tăiați în fâșii de 7,5 cm/3 cm, stropiți ușor cu făină, stivuiți și tăiați în pătrate. Acoperiți cu o cârpă umedă până când este gata de utilizare.